「碳中和行动指南」系列

建筑碳中和行动

数字化重塑
未来建筑新形态

林 刚　王仰君
张 帆　　　　著

化学工业出版社

·北京·

内 容 简 介

本书立足于我国"双碳"目标的政策框架与实践，结合当前我国智慧城市、新型城镇化建设的发展现状与前沿趋势，以科技视角为切入点，以建筑产业的智能化应用为落脚点，全面阐述5G、AI、物联网、大数据、数字孪生、建筑信息模型等技术在建筑领域的应用场景与实践路径，全景式展现了"双碳"目标下我国智慧建筑、智慧楼宇、智慧地铁、智慧隧道、智慧工地、智慧园区等建筑细分领域的数智化变革与升级，深度剖析数字科技时代我国建筑业实现绿色低碳发展的转型之道，冀望于为我国建筑行业转型升级提供一些有益的思路与方法。

图书在版编目（CIP）数据

建筑碳中和行动：数字化重塑未来建筑新形态/林刚，王仰君，张帆著.—北京：化学工业出版社，2023.6
（碳中和行动指南）
ISBN 978-7-122-43162-2

Ⅰ.①建… Ⅱ.①林…②王…③张… Ⅲ.①建筑业–低碳经济–研究–中国 Ⅳ.① F426.9

中国国家版本馆 CIP 数据核字（2023）第 047768 号

责任编辑：夏明慧　　　　　　　　　　装帧设计：卓义云天
责任校对：李露洁

出版发行：化学工业出版社（北京市东城区青年湖南街13号 邮政编码100011）
印　　装：大厂聚鑫印刷有限责任公司
710mm×1000mm　1/16　印张16　字数212千字　2023年7月北京第1版第1次印刷

购书咨询：010-64518888　　售后服务：010-64518899
网　　址：http://www.cip.com.cn
凡购买本书，如有缺损质量问题，本社销售中心负责调换。

定　价：79.00元　　　　　　　　　　　　　　　　　　　版权所有 违者必究

前　言

自2020年我国在第75届联合国大会上作出"2030年碳达峰·2060年碳中和"承诺以来，如何推动实现"双碳"目标就成为各行各业持续关注的热点话题。

建筑行业作为我国的支柱产业之一，是实现碳达峰、碳中和目标的关键所在。根据世界绿色建筑委员会（WGBC）发布的数据，建筑物碳排放量占全球能源相关总碳排放量的39%，其中运营期碳排放量占全球总碳排放量的28%，而隐含碳排放量占比为11%。《中国建筑能耗与碳排放研究报告（2021）》显示，2019年我国建筑全过程能耗占全国能源消费总量的比例达46%，二氧化碳排放量占全国碳排放量的比重达到50.6%，因此，建筑行业能否实现碳中和直接影响着"双碳"目标能否实现。

但是，建筑碳中和的实现难度非常大。我国建筑行业之所以难以实现碳减排、碳中和，原因主要有以下四点：

- 既有建筑存量比较大，节能建筑、绿色建筑的占比比较小。我国是世界上既有建筑面积最大的国家，虽然可以通过节能低碳改造实现节能减排，但因为改造成本比较高，所以大多数既有建筑仍未开始进行低碳改造。另外，虽然我国在大力推行绿色建筑、节能建筑，但因为相关技术不成熟、建造成本比较高等，大多数建筑达不到节能设计标准。

- 我国还处在城镇化快速发展阶段，建筑面积仍将保持快速增长之势。虽然我国人均住宅面积已经接近发达国家水平，农村住宅建筑面积甚至超过了发达国家的水平，但每年新增建筑竣工面积仍超过40亿平方米，居民对建筑面积的需求仍未得到充分满足。

- 建筑企业对发展近零能耗建筑的认知不足。一直以来，建筑行业采用的是规模化建设模式，比较关注年竣工面积，对建筑节能、减少碳排放的认知不足，对近零能耗建筑也没有给予太多关注。再加上近零能耗建筑要求颠覆传统的能源供应方式，要求使用环保建筑材料与施工工艺，这对产业发展也提出更高的要求。而目前节能低碳技术的发展并不成熟，环保建筑材料与施工工艺能否保证建筑质量，能否在短时间内形成配套的产业体系尚不确定。在这种情况下，对于发展近零能耗建筑，大部分建筑企业都持观望态度。

- 建筑运行阶段的能源供给与消费结构无法达到低碳、清洁的要求。建筑运行阶段所消耗的能源仍以煤炭、天然气等化石能源为主，对电力、热能的需求量极大，而我国目前的电力以火电为主，清洁电能的占比比较低，热能主要来源于煤电热电联产和天然气供热。随着生活水平不断提升，人们对生活环境的舒适度将提出更高的要求，对采暖、空调、热水等的需求将持续增长，各种智能家用电器也将越来越多，电能消耗量将不断增长。如果不改变能源结构，建筑运行阶段的碳排放将持续增长。

为了实现建筑碳中和，各建筑企业、科技公司以及相关的研究机构做了很多探索，尝试将5G、AI（Artificial Intelligence，人工智能）、BIM（Building Information Modeling，建筑信息模型）、IoT（Internet of

Things，物联网）等技术与建筑相结合，推出绿色建筑、节能减排建筑、智慧建筑、装配式建筑等多种有助于实现节能减排的建筑模式，开发低碳环保的建筑材料，在建筑外墙与屋顶搭建太阳能电池板，大力发展光伏发电技术，改变建筑的用能结构，开展建筑全生命周期管理，从设计、建造、运行、使用、废弃、回收等各个环节把控能源消耗与碳排放，全面提高建筑的能效水平，推动建筑行业实现绿色化、低碳化、智能化发展。

经过多年尝试，我国建筑行业在节能减排领域取得了不错的成绩。本书立足于我国"双碳"目标的政策框架与实践，结合当前我国智慧城市、新型城镇化建设的发展现状与前沿趋势，以科技视角为切入点，以建筑产业的智能化应用为落脚点，全面阐述5G、AI、物联网、大数据、数字孪生、BIM等技术在建筑领域的应用场景与实践路径，全景式展现"双碳"目标下我国智慧建筑、智慧楼宇、智慧地铁、智慧隧道、智慧工地、智慧园区等建筑细分领域的数智化变革与升级，深度剖析数字科技时代我国建筑业实现绿色低碳发展的转型之道，冀望于为我国建筑行业转型升级提供一些有益的思路与方法。

本书共分为六大部分，每部分的内容概述如下：

- 第一部分：建筑碳达峰·碳中和。这一部分立足于"双碳"背景，对绿色建筑、被动式建筑、零碳建筑等新型的建筑范式进行简单介绍，对"双碳"背景下建筑行业实现碳中和的必要性与实现路径进行初步探究，对建筑生产、施工、运行、拆除等全生命周期的节能减排策略进行具体讨论。
- 第二部分：智慧建筑。基于云计算、5G、大数据等新一代信息技术的智慧建筑不仅可以提高建筑的舒适度、宜居性，而且可以节约建筑能耗，降低建筑的碳排放。智慧建筑涵盖的范围极广、实现路径也比较多，这一部分立足于智慧建筑的关键技术，对智慧建筑、智慧楼宇、智慧地铁、智慧隧道的实现路径进行详细解析。

- 第三部分：5G+智慧建筑。建筑行业的数字化转型离不开先进技术和设备的支持，尤其是5G及新一代信息技术的支持。这一部分对5G、物联网、BIM、大数据等新一代信息技术在智慧工地、智慧园区建设等领域的应用进行全面分析，从选址、安居、能源等角度对基于5G的智慧建筑的建设路径进行探究。

- 第四部分：AIoT（Artificial Intelligence & Internet of Things，指融合了AI技术与IoT技术的人工智能物联网）+智慧建筑。将AI与物联网应用于智慧建筑是建筑行业实现信息化转型，推动数字中国、智慧社会建设的重要路径。这一部分对AI与物联网技术在智慧建筑领域的应用场景、落地路径、关键技术进行全面分析，探讨了基于AI的建筑全生命周期管理与基于物联网的楼宇设备自动控制系统，为建筑的数智化变革提供新方案、新思路。

- 第五部分：数字孪生+智慧建筑。数字孪生在建筑行业的应用有望创造可以与人进行自然交互的高度智能化的建筑，提高建筑全生命周期管理质量与效率，切实提高建筑能效，实现节能减排。这一部分对数字孪生的关键技术以及这些技术在智慧建筑领域的应用进行全面分析，从整体架构、关键技术、应用场景等方面对基于数字孪生的智慧城市建设进行探究。

- 第六部分：BIM技术+智慧建筑。在智慧建筑领域，BIM是一项关键技术，可以发现建筑在各个阶段存在的问题，并制定相应的解决方案，实现对建筑全生命周期的模拟优化。这一部分对BIM技术在智慧建筑、绿色智能建筑、装配式建筑三大新型的建筑范式中的应用进行深度剖析。

本书内容丰富、结构完整、语言通俗易懂，凝聚了作者对建筑业低碳化、绿色化转型的长期思考、敏锐洞察以及多年来的学术成果,深入浅出地探索了很多先进技术在建筑碳中和领域的应用,既适合政策制定者、各级政府领导及研究人员阅读,也可供智慧建筑、工程建造等行业的管理人员与工程技术人员阅读参考,还可作为高校相关专业本科生和研究生的学习参考书目。

著者

目 录

第一部分 建筑碳达峰·碳中和

第1章 "双碳"驱动：我国建筑业的低碳之路 / 2

"双碳"目标：驱动建筑低碳化转型 / 2

绿色建筑、被动式建筑与零碳建筑 / 5

建筑碳中和的实现路径与关键技术 / 8

"双碳"背景下我国建筑业的发展路径 / 11

第2章 绿色建筑：实现人与自然和谐共生 / 15

我国绿色节能建筑的发展现状 / 15

绿色节能建筑设计的技术路径 / 18

可再生能源在建筑领域的应用 / 20

推动我国零能耗建筑的发展 / 23

第3章 基于建筑全生命周期的碳减排策略 / 26

建筑生产阶段的碳减排策略 / 26

建筑施工阶段的碳减排策略 / 28

建筑运行阶段的碳减排策略 / 31

建筑拆除阶段的碳减排策略 / 33

第4章 绿色水泥：我国水泥工业碳中和之路 / 36

"双碳"驱动水泥产业绿色发展 / 36

提升能效：助力水泥工业节能降碳 / 38

燃料替代：清洁燃料技术的应用 / 40

基于CCUS技术的水泥碳减排策略 / 42

第二部分 智慧建筑

第5章 智慧建筑：赋能建筑业低碳化转型 / 46

数字化赋能智慧建筑新形态 / 46

智慧建筑的关键技术 / 49

"双碳"目标下的智慧建筑实施路径 / 51

基于绿色环保理念的建筑智能化设计 / 55

第6章 智慧楼宇：物联网驱动楼宇智能化 / 60

万物互联时代的智慧楼宇 / 60

智慧楼宇的绿色节能管理系统 / 64

"物联网+智慧楼宇"的落地路径 / 66

基于BIM+GIS技术的智慧楼宇 / 70

第7章 智慧地铁：赋能城市轨道交通建设 / 73

开启城市轨道交通智能化建设 / 73

实现路径：智慧地铁的技术应用 / 76

基于北斗技术的智慧地铁运营 / 80

"双碳"目标下的地铁节能技术方案 / 83

第8章 智慧隧道：引领隧道"智造"新时代 / 86

智慧隧道：关键技术与实现路径 / 86

智慧施工：实现隧道智能化建设 / 90

智慧监测：隧道监测系统解决方案 / 93

智慧运维：隧道大数据平台建设 / 96

第三部分 5G+智慧建筑

第9章 5G建筑：科技驱动的智能建造模式 / 102

5G+物联网：立体视觉技术的应用 / 102

5G+BIM：建筑工程管理数字化 / 105

5G+大数据：实现建筑行业人机智能协同 / 107

基于5G技术的智慧建筑规划方案 / 110

第10章 智慧工地：5G在建筑施工中的应用 / 114

我国建筑施工管理中存在的问题 / 114

5G驱动施工管理智能化转型 / 117

5G+MEC赋能新型智慧工地 / 120

基于5G+MEC的智慧工地解决方案 / 123

第11章 智慧园区：助推智能制造转型升级 / 127

"5G+智慧园区"的应用方案 / 127

5G园区赋能工厂数字化转型 / 130

基于5G大数据的园区数智化运维 / 132

第 12 章 5G、大数据在智能建筑中的应用路径 / 136

智慧选址：制定科学的选址决策 / 136

智慧安居：提供数字化生活服务 / 137

智慧能源：建筑绿色化、低碳化 / 140

第四部分 AIoT+ 智慧建筑

第 13 章 AI+ 智慧建筑：重塑建筑工程价值链 / 144

"AI+ 智慧建筑"的概念与未来方向 / 144

"AI+ 智慧建筑"的关键技术 / 147

"AI+ 智慧建筑"的典型应用场景 / 149

基于 AI 技术的建筑全生命周期应用 / 151

第 14 章 落地路径：基于 AI 的智能建筑运营 / 155

智能控制：AI 监控与照明系统 / 155

公共服务：赋能智慧社区美好生活 / 157

能效管理：实现建筑能源精细化管控 / 160

第 15 章 万物智能：IoT 赋能建筑数字化转型 / 163

物联网引领建筑业数智化变革 / 163

物联网在智慧建筑中的应用 / 165

物联网驱动的智慧消防平台建设 / 167

基于 IoT 技术的楼宇设备自控系统 / 171

第五部分　数字孪生 + 智慧建筑

第 16 章　数字孪生：数字与物理世界的融合　/　174

感知技术：虚实交互、实时映射　/　174

网络技术：数据与信息的自由流通　/　176

建模技术：精准构建数字化模型　/　179

仿真技术：创建虚拟数字孪生体　/　182

第 17 章　实践路径：数字孪生智慧建筑应用　/　186

数字孪生建筑的四大特征　/　186

路径 1：建筑智能化运维管理　/　188

路径 2：绿色节能建筑应用　/　190

路径 3：历史建筑保护与修缮　/　192

第 18 章　智慧城市：数字孪生赋能城市建设　/　195

数字孪生城市的架构与功能　/　195

数字孪生城市的关键技术　/　197

数字孪生城市的应用场景　/　199

数字孪生城市的典型案例实践　/　201

第六部分　BIM 技术 + 智慧建筑

第 19 章　BIM 技术：智慧建筑的"超级大脑"　/　208

BIM 技术重新定义未来建筑　/　208

建筑工程的智能建造新模式　/　210

虚实融合的"建筑元宇宙"　/　213

BIM 在建筑元宇宙领域的未来应用 / 216

第 20 章 低碳科技：基于 BIM 的绿色智能建筑 / 219

低碳科技驱动的建筑产业化 / 219

基于 BIM 技术的绿色建筑设计 / 222

基于 BIM 技术的绿色建材管理 / 225

基于 BIM 技术的建筑电气工程 / 228

第 21 章 BIM 技术在装配式建筑中的应用场景 / 232

我国装配式建筑中的 BIM 技术及其应用 / 232

基于 BIM 的装配式建筑全流程运营 / 235

BIM 在装配式建筑中的应用问题 / 238

基于 BIM 的装配式建筑发展路径 / 240

第一部分 建筑碳达峰·碳中和

第1章
"双碳"驱动：我国建筑业的低碳之路

"双碳"目标：驱动建筑低碳化转型

2020年9月，在第75届联合国大会上我国明确提出了"二氧化碳排放力争于2030年前达到峰值，努力争取2060年前实现碳中和"的碳排放目标。2021年10月24日，中共中央和国务院联合印发《关于完整准确全面贯彻新发展理念做好碳达峰碳中和工作的意见》对"双碳"工作进行规范和指导。随着"双碳"工作的不断推进，传统的发展模式已经难以满足当前建筑行业高质量发展的要求，绿色低碳循环经济逐渐成为建筑领域的新发展模式。

近年来，我国严格遵循可持续发展原则，不断完善能源体系，并大力发展新能源和清洁能源，调整用能结构，提高节能减排效率。建筑行业是国家四部委明确规定的17大高耗能行业❶之一，亟须探索绿色低碳发展的新道路，并推动行业向绿色化、工业化、低碳化、智能化转型。

---

❶ 17大高耗能行业：国家发展改革委、工业和信息化部、生态环境部、国家能源局发布的《高耗能行业重点领域节能降碳改造升级实施指南（2022年版）》明确了炼油、乙烯、对二甲苯、现代煤化工、合成氨、电石、烧碱、纯碱、磷铵、黄磷、水泥、平板玻璃、钢铁、焦化、铁合金、有色金属冶炼及建筑、卫生陶瓷17个高能耗行业。

在全球所有能源相关碳排放中，建筑领域的碳排放占比接近四成。根据联合国环境规划署（United Nations Environment Programme，UNEP）和全球建筑建设联盟（Global Alliance for Buildings and Construction）联合发布的《2021年全球建筑建造业现状报告》，2020年，全球房地产建筑业的碳排放量为117亿吨，占与能源相关二氧化碳排放量的37%。

根据国际能源署（International Energy Agency，IEA）统计，2020年，在全球碳排放中，能源发电与供热的碳排放占比为43%，交通运输的碳排放占比为26%，制造业与建筑业的碳排放占比为17%。

2020年3月，欧盟委员会公布《欧洲气候法》草案，明确提出碳中和目标，随后全球多个国家纷纷确立碳中和目标，并不断完善碳减排相关机制和政策，其中，美国、英国、德国等国家出台了低碳发展政策和方案，大力推进建筑行业碳减排。

建筑行业的绿色发展是我国绿色发展的重要组成部分，2021年10月，中共中央办公厅和国务院办公厅在《关于推动城乡建设绿色发展的意见》中明确提出"到2025年，城乡建设绿色发展体制机制和政策体系基本建立；到2035年，城乡建设全面实现绿色发展，城市和乡村品质全面提升，美丽中国建设目标基本实现"的总体目标，并将"建设高品质绿色建筑"和"实现建筑工程全过程绿色改造"作为城乡建设向绿色发展转型的重要手段，大力支持城乡建设绿色发展。《关于推动城乡建设绿色发展的意见》是我国城乡建设领域推动"双碳"目标快速实现的指导文件，也是我国碳达峰与碳中和"1+N"政策体系的重要组成部分，对我国城乡建设绿色发展起到极大的指引和规范作用。

建筑领域的碳排放主要来源于建材生产、建筑施工、建筑运行、建筑拆除等不同阶段，根据中国建筑协会能耗委员会发布的《中国建筑能耗研究报告（2021）》，2019年，我国建筑全生命周期碳排放在全国碳排放总量中的占比超过二分之一，其中，建材生产阶段的碳排放量占全国碳排放总量的28%，建筑施工阶段的碳排放量占全国碳排放总量的1%，建筑运行阶段的碳排放量占全国碳排放总量的21.6%。

由此可见，我国建筑领域的碳排放量巨大，尤其是建材生产和建筑运行阶段。为实现"双碳"目标，近年来，我国大力推进建筑领域低碳绿色发展，不断加快实现建筑领域碳达峰的步伐，并通过颁布《民用建筑节能条例》《绿色建筑行动方案》《绿色建筑评价标准》《建筑碳排放计算标准》《超低能耗建筑评价标准》《绿色建筑创建行动方案》《绿色建筑被动式设计导则》等文件法案的方式为建筑领域的低碳绿色发展提供政策上的引导和支持。

目前，我国已经发布了一系列关于碳达峰与碳中和的顶层设计文件，但若要实现建筑碳中和，还需继续制定和完善相关政策和标准体系，并对建筑行业进行节能降碳方面的指导。此外，在政策的引导下，为了驱动建筑行业的低碳化转型，还需做到：

①全面推进绿色建造示范工作，不断革新绿色建造技术，并综合运用多种技术手段推动建造方式向绿色化、工业化、信息化、集约化、产业化转型，进一步提高绿色建筑设计和施工的精细化程度。

②实现建筑碳中和需要将减碳工作贯穿于建筑全生命周期，创新绿色低碳技术，并将新技术融入建材生产、建筑建造、建筑运行和建筑拆除的过程中。

③确立统一的建筑碳排放计算方法和计算标准，严格落实《绿色建筑评价标准》，并发布更加全面的技术指导说明，进一步提高建筑碳足迹核算的精准度。

④构建建筑碳排放监测系统、建筑碳排放核算体系和建筑碳排放交易系统，并利用这些系统对建筑的能耗情况和碳排放情况进行实时监测，与此同时，还要积极发挥碳市场的重要作用，利用碳市场交易平台来完

成碳配额交易和国家核证资源减排量置换业务，并合理使用林业碳汇❶，充分发挥碳捕获、利用与封存（Carbon Capture，Utilization and Storage，CCUS）等技术在减碳方面的作用，从而抵消自身碳排的核证量。

绿色建筑、被动式建筑与零碳建筑

为了实现"双碳"目标，各行各业都在探索低碳发展道路，建筑行业也不例外。近十几年来，建筑行业探索出许多绿色建造方式，催生了很多新技术、新概念，包括节能建筑、绿色建筑、装配式建筑、健康建筑、被动式建筑、低碳建筑、零碳建筑等，其中很多新概念还生成了相应的技术体系。但上述新概念对应的技术体系有一定的重叠，导致很多人都比较困惑，无法准确分辨节能、绿色、低碳之间的关系。

下面我们对目前应用范围比较广、比较有代表性的三类技术——绿色建筑、被动式建筑、零碳建筑进行具体分析，如图1-1所示，以深入探究三者之间的关系。

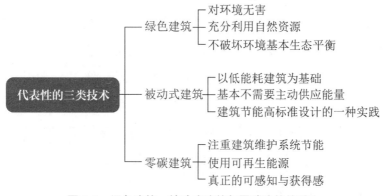

图 1-1　绿色建筑、被动式建筑与零碳建筑的对比

---

❶ 林业碳汇：通过市场化手段参与林业资源交易，从而产生包括森林经营性碳汇和造林碳汇的额外的经济价值。

1. 绿色建筑

绿色建筑指的是对环境无害，能够充分利用自然资源，在不破坏环境基本生态平衡的条件下建造的一种建筑。1969 年，意大利建筑师保罗·索莱里（PaoloSoleri）综合生态与建筑提出了"绿色建筑"理念。此后，随着低碳、节能等技术不断发展，绿色建筑的概念逐渐得以完善与丰富。1992年，联合国环境与发展大会正式提出"绿色建筑"的概念，绿色建筑的技术体系进一步丰富，逐渐涵盖了环境、健康、人文等要素，确立了"以人为本"的建造理念，并在此基础上催生了很多新兴的技术产品与节能形式。

自 1992 年巴西里约热内卢联合国环境与发展大会以来，我国政府开始着力推动绿色建筑发展。2004 年 9 月，建设部启动"全国绿色建筑创新奖"，标志着我国绿色建筑进入了全面发展阶段。之后，住房和城乡建设部分别于 2006 年和 2007 年颁布了《绿色建筑评价标准》和《绿色建筑评价技术细则（试行）》《绿色建筑评价标识管理办法》，促使绿色建筑评价体系得以进一步完善。

此后，我国围绕绿色建筑发展发布了许多法规与方案。经过近 30 年的努力，我国绿色建筑发展取得了显著成效，绿色建筑的内涵不断丰富，绿色建筑的技术体系不断完善，越来越多的技术与产品实现了产业化落地。在概念完善方面，2019 年我国政府对绿色建筑进行了全新解读，在节能、节地、节水、节材和环境保护的基础上强调"健康、适用、高效、和谐、高质量、人文"，强调关注建筑本身的绿色性能和建筑运营的健康性能，强调关注人的可感知性。从整体来看，绿色建筑在一定程度上带有低碳化的特点，例如关注节能、绿色与健康等。

2. 被动式建筑

被动式建筑是在低能耗建筑的基础上发展起来的一种新的节能建筑概念，通过优化建筑结构，使用保温性能比较好的材料与传热系数比较低的门窗提高建筑的保温隔热性能；利用清洁能源为建筑供热，减少或者不使用主动供应的能源，从而让建筑达到舒适温度。理论上来说，被动式建筑基本不需要主动供应能量，即便在室外温度 -20°C 的情况下，也不需要采取任何取暖方式，就可以满足人类正常活动对温度的需求。

被动式建筑可以视为建筑节能高标准设计的一种实践，极大地减少了建筑使用过程的能源消耗与碳排放，不仅符合建筑低碳化发展的要求，还有可能实现零碳化。被动式建筑这一概念于1980年被提出，2009年进入我国，经过近十年的发展于2017年进入快速发展期。从2017年至今，我国围绕被动式建筑出台了一系列标准与法规，明确了被动式建筑的发展目标，并出台了很多激励措施。在政府的引导下，我国房地产企业加大力度建设被动式建筑，使得被动式建筑快速发展壮大。

3. 零碳建筑

零碳建筑又被称为净零碳建筑，可以从两个层面进行理解。从定性层面看，零碳建筑指的是在建筑全生命周期内，通过减少碳排放和增加碳汇❶实现建筑使用过程的零碳排放；从定量层面看，零碳建筑指的是利用各种节能措施与可再生能源，用可再生能源二氧化碳年减碳量抵消建筑全年二氧化碳排放量，使建筑能耗达到《近零能耗建筑技术标准》（GB/T 51350）中的有关规定。

零碳建筑有四个典型特征：第一，注重建筑维护系统节能；第二，使用可再生能源代替传统的高碳排放的化石能源；第三，减少建筑建造与使用阶段的碳排放，实现零碳化；第四，建筑运营阶段的碳排放在建筑全生命周期碳排放中的占比要超过80%。当然，零碳建筑最核心的特征还是真正的可感知与获得感。

---

❶ 碳汇：carbon sink，即通过植树造林、植被恢复等吸收大气中的二氧化碳，以减少温室气体在大气中的浓度的过程、活动或机制。

对于在实现碳达峰、碳中和的道路上孜孜探索的建筑行业来说，零碳建筑是一项非常重要的技术。因此，建筑企业要将零碳理念贯穿建筑设计、施工、运营、拆除的全生命周期，做好统筹规划，探索实现建筑零碳化的方案。

总体来看，绿色建筑、被动式建筑和零碳建筑这三个概念出现的时间有早有晚，属于建筑行业发展到不同阶段的产物。在实践过程中，这三个概念相辅相成、相互促进，共同为建筑行业实现"双碳"目标提供支持与助力。

建筑碳中和的实现路径与关键技术

为了实现"双碳"目标，我国建筑行业要改变粗放的发展模式，加强技术创新，向着精细化、高质量的方向转型。下面对我国建筑行业碳中和的实现路径与关键技术进行具体分析，如图1-2所示。

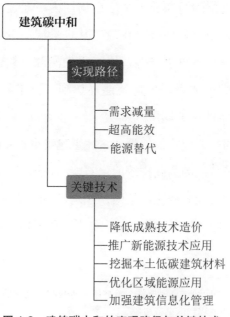

图1-2　建筑碳中和的实现路径与关键技术

1. 建筑碳中和的实现路径

建筑全生命周期的碳排放可以划分为两大部分：

- 一是建造阶段的碳排放，主要来源于建材生产、运输与施工等过程；
- 二是运行阶段的碳排放，主要来源于空调、照明、家电、家用充电桩、供暖以及其他特殊用能。

基于对碳排放来源的分析，我们可以规划出实现建筑碳中和的三条路径，即减少能源需求、提高能源利用效率、用清洁能源代替高碳排放能源。

（1）减少能源需求

在建筑设计阶段要优化建筑形体系数，合理划分功能区，实现分区采暖，同时要充分利用自然风、自然光等自然资源，根据当地的气候特点选择热工性能合适的建筑外围护结构，提高建筑的保温隔热性能，降低建筑制冷及供暖对能源的需求，进而减少建筑对能源的总需求。此外，建筑施工可以使用绿色、低碳、轻质、可回收再利用的建筑材料，减少建筑垃圾以及建筑垃圾所产生的碳排放。

（2）提高能源利用效率

为了降低运行阶段的能耗与碳排放，建筑可以使用能效比较高、智能化水平较高的设备，例如 LED 灯、变频水泵、磁悬浮冷机、智能充电桩以及可以实现智能启停的设备等，以提高能源利用效率，实现节能减排。

（3）用清洁能源代替高碳排放能源

建筑可以利用屋顶与外墙架设光伏设备，利用光伏能满足建筑的用电需求，减少对外部电源的依赖；可以利用空气源热泵、水源热泵、地源热泵等设备充分利用低品位热能，满足建筑采暖、制冷、日常热水等需求；在地热能、生物质能充足的地区，也可以开发地热能取暖、生物质能发电等技术与应用，满足建筑的取暖、用电需求。总而言之，用清洁能源代替高碳排放能源是实现建筑碳中和的关键，但目前相关的技术与应用还不成熟，仍需进一步探索。

2. 实现建筑碳中和的关键技术

实现建筑碳中和的关键技术应该主要涵盖以下几个方面。

（1）降低成熟技术造价

建筑想要从源头降低用能需求，最好的做法就是使用高性能的外围护结构，包括外墙、门窗、屋顶等。但目前，我国高性能的门、窗及保温材料使用的关键原材料严重依赖进口，成本比较高。为了解决这一问题，相关企业与机构要加强技术创新，自主研发与生产关键原材料，实现技术转化与产业本土化，降低高性能外围护结构的造价，在全国范围内推广使用。

（2）推广新能源技术应用

推广使用建筑光伏一体化、储能技术、智能充电技术等新兴技术，是实现建筑碳中和的有力措施。但目前，这些新兴技术的产品比较单一、整体性能差强人意，而且成本比较高。为了推动这些新兴技术尽快成熟，实现广泛应用，国家与企业需要给予大力支持。

（3）挖掘本土低碳建筑材料

近年来，为了实现建筑碳中和，德国、美国、澳大利亚等木材资源丰富的国家开始探索纯木结构，催生了很多新技术、新应用。我国木材资源短缺，可以因地制宜探索竹材、夯土等绿色、低碳、可回收的建筑材料，对传统工艺进行改造，提高这些材料的性能。

（4）优化区域能源应用

人口密集区的建筑用能需求非常大，这些建筑应该根据本地的资源条件，使用地源热泵、水源热泵、分布式光伏等可再生能源技术满足用能需求，减少煤电等高碳能源的使用量，从而减少碳排放。

（5）加强建筑信息化管理

相较于其他行业来说，建筑行业的信息化水平比较低，而信息化是实现节能减排的关键。因此，我国建筑行业要采用BIM、建筑能耗模拟技术、建筑智能化管理技术等提高建筑的信息化水平，对用能、碳排放等进行有效管理，提高建筑整体运行效率，实现节能减排。

"双碳"背景下我国建筑业的发展路径

根据国际能源署发布的数据，建筑行业的碳排放在全球碳排放总量中的占比超过了40%，是各国推进碳减排、实现碳中和的重点领域。中国建筑节能协会能耗专委会发布的《中国建筑能耗研究报告（2020）》显示，2018年全国建筑全过程碳排放总量占全国碳排放比重达51.3%，远高于全球平均水平，所以我国建筑行业节能减排、实现碳中和成为当务之急。

"双碳"背景下我国建筑业的发展既需要完善政策层面的支持和保障机制、提升建筑能效水平、促进乡村建筑改造，更需要提高固碳、碳汇能力。

1. 完善政策支持和保障机制

完善绿色建筑发展的相关政策是建筑领域实现绿色低碳发展的重要保障，随着相关政策的不断完善和相关保障机制的不断优化，我国建筑业可以从以下几个方面入手来实现绿色低碳发展：

- 在政策上，要加强房地产市场调控，保持调控政策的连续性和稳定性，坚持"房住不炒"，并完善保障性租赁住房相关制度，同时还要加强对闲置房和烂尾楼的治理，推进闲置建筑的活化利用，并对既有建筑进行绿色化改造。

- 建立健全建筑绿色低碳发展相关法律法规，深入贯彻落实《关于推动城乡建设绿色发展的意见》的要求，全面执行绿色建筑统一标识制度，持续推进执法体制改革，进一步提高相关部门的管理能力和执法能力，构建高效的执法体系。
- 加大对绿色低碳建筑的推广力度，开展绿色低碳发展业务培训，大力推进绿色建筑应用示范工程建设，促进绿色低碳成为建筑领域发展的新风尚。
- 建立健全建筑领域的能源数据核算体系，推动能源核算方法和核算体系走向标准化、国际化。
- 支持建筑领域创新发展绿色低碳技术，大力推进装配式建筑发展，深入应用各种建筑节能低碳技术和绿色建造技术等技术手段。

2. 提升建筑能效水平

现阶段，我国节能建筑还处于发展初期，各类建筑中节能建筑的占比较低，新建建筑中的高耗能建筑占比较高，而当前的既有建筑中只有极少量建筑采取了能源效率措施，由此可见，我国建筑的能效水平亟待提高。《能源评论》刊登的《建筑能效提升：未来尚待开启》一文指出，居住类房屋的能源消耗约占建筑总能耗的70%，是能耗最大的一类建筑。因此，我国建筑领域需要优化居住类房屋的建筑能源系统，通过使用高效照明系统、高效冷热源系统以及建筑清洁供暖、新风热回收等方式来提高建筑能效水平。

除此之外，我国建筑业还可以采用提高建筑节能标准、优化新建建筑节能技术体系、建设超低能耗建筑和近零能耗建筑等多种方式来提高建筑能效水平。在具体建设过程中，由于装配式建筑具有节能、环保、工期短等特点，能够通过批量化、标准化生产建筑构件和配件以及高效运输装配各个建筑构件和配件来实现低碳高效的建筑物搭建，因此我国建筑业可以通过选择装配式建筑的方式来建设超低能耗建筑、近零能耗建筑等，进而达到大幅提高建筑能效的目的。

根据《装配式高层住宅建筑全生命周期碳排放研究》，从整个生命周期来看，装配式建筑的碳排放量比传统现浇建筑的碳排放量少5.86%；从建筑物生命周期的不同阶段来看，选择装配式建筑能够将建材准备、建筑施工和建筑回收阶段的碳排放量减少10%以上。

3. 促进乡村建筑改造

我国农村建筑大多为非环境友好型建筑，具有能耗高、能源利用率低、生活舒适度低等特点，公开数据显示，我国农村居住面积约为230亿平方米，约占全国居住总面积的60%，农村住宅的能源消耗量约占全国建筑总能耗的22%。这主要是因为我国农村建筑大多采用传统砖混结构，气密性差，难以满足人们的采暖需求，而农村地区的大多数住户选择采用直接燃煤取暖或燃气取暖的方式来采暖，这种采暖方式具有转化率低、污染重等特点，不仅会消耗大量能源，还会对生态环境造成严重污染。

由此可见，我国必须大力推进乡村建筑绿色低碳改造，并在农村地区推广超低能耗建筑。具体来说，我国可以采取以下措施来推动乡村建筑绿色低碳发展。

- 首先，要落实绿色建筑补贴政策，加大补贴力度，鼓励村民使用低碳建材。
- 其次，要提升农房设计建造水平，根据村民的日常生产生活需求，因地制宜地推动水、电、气、暖等各项配套设施建设。
- 再次，要积极开展建筑节能工作，对既有农房、老旧小区、农村危房和其他高耗能建筑进行绿色化、低碳化改造。
- 最后，要充分利用太阳能、地热能等可再生清洁能源，全面实施清洁供暖工程，减少在采暖方面的能源消耗和碳排放。

4. 提高固碳、碳汇能力

提升固碳能力和增加碳汇量是实现碳中和的重要手段，因此，我国应构建绿色低碳循环发展经济体系，利用多种技术手段减少碳源，增加碳汇。负碳技术可以通过捕集、存储和利用二氧化碳来减少空气中的二氧化碳含量，因此我国建筑行业可以通过利用负碳技术减碳，进而实现碳达峰。

比如，森林具有储碳功能，能够吸收和固定空气中的二氧化碳，并产生额外的经济价值，这部分经济价值在市场中的交易就是林业碳汇。《自然》杂志中的一项研究曾指出，"2010—2016年，我国陆地生态系统年均吸收约11.1亿吨碳，吸收了同时期人为碳排放的45%"，由此可见，加快发展林业碳汇是实现碳中和过程中的重要环节。

在建筑领域，我国应大力推进城市园林绿化建设，提高城市生态系统碳汇。具体来说，一方面，可以拓展城市绿地规模，增加小区、公园等地的绿地面积和绿地数量，提高整个城市的固碳能力；另一方面，应在场地景观绿化的基础上，进一步推进屋面绿化、垂直绿化、阳台绿化、室内绿化等工作，全方位提高建筑的碳汇能力，通过实现单个建筑的碳中和来加快整个建筑领域实现碳中和的脚步。

第 2 章
绿色建筑：实现人与自然和谐共生

我国绿色节能建筑的发展现状

绿色建筑是一种在建筑设计、建筑施工、建筑运行等各个阶段严格遵循节能环保和可持续原则的建筑物，不仅能够为人们提供健康、舒适、节能、高效、环保的生活环境，也能与周围的自然环境相适应。具体来说，绿色建筑的优势主要体现在节能和回归自然两个方面。

- 从节能方面来看，绿色建筑遵循可持续发展的原则，通过充分利用地热能、太阳能等可再生资源和使用低能耗围护结构等方式来减少能源消耗，并通过优化建筑设计、优化建筑资源配置、提高建筑材料的保温隔热性能等方式提高建筑的节能效果。
- 从回归自然方面来看，绿色建筑在设计上遵循环境优先原则，外观能够与自然生态环境相协调，内部的建筑材料和装饰材料都具有健康、无害、环保等特点，能够在环保的同时充分保障内部环境的舒适性。

节能建筑则是一种可以通过优化建筑布局和使用节能的结构、材料、设备、新能源的方式来减少能源消耗的低能耗建筑。随着社会经济的发展，环境污染和能源紧缺等问题越来越严重，绿色节能逐渐成为建筑设计的趋势。我国建筑行业应将绿色节能理念与建筑设计相结合，打造绿色节能建筑，进而达到降低建筑能耗、减少建筑领域的碳排放量和保护环境的目的，推动建筑行业走向可持续发展。

随着国民经济的发展和城市化进程的不断推进，我国建筑业快速发展，设备设施、能源结构、建设理念和发展方式等方面发生巨大变化，尤其是建筑设计方面。由于建筑业在发展初期缺乏环保和可持续的建设理念，因此，这个时期建设的建筑所使用的照明、采暖和供冷等设备大多存在能耗高、污染高、能源利用率低等不足之处，这种发展方式既破坏了生态环境，也造成了严重的能源浪费，不利于行业和社会的长期发展，如图 2-1 所示。

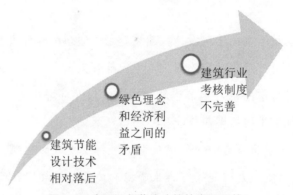

图 2-1　我国绿色节能建筑的发展现状

1. 建筑节能设计技术相对落后

近年来，我国深入贯彻落实绿色节能建筑理念，将绿色节能建筑设计融入城市建设中，但由于我国早期的经济水平和技术水平与发达国家相比有较大差距，且缺乏绿色节能建筑设计理念，忽视了保护环境和节约能源的重要性，因此我国绿色节能建筑设计的发展起步较晚，节能设计技术相对落后，绿色节能建筑设计缺乏科学性和实用性，难以满足人们在节能环保方面的要求。

2. 绿色理念和经济利益之间的矛盾

与传统建筑相比，绿色节能建筑所需的技术、设备和建材均具有绿色环保节能的特点，同时价格也比较高，因此绿色节能建筑设计往往需要投入大量资金，但建筑的开发商和建造方为了获取更多利益，通常会压缩绿色节能建筑的建造成本，导致建筑的环保性和节能性受到影响。由此可见，现阶段，我国难以实现建筑绿色节能与经济利益相统一，无法保障绿色节能建筑设计的经济性。

3. 建筑行业考核制度不完善

我国缺乏对绿色节能建筑设计的明确定义，因此相关部门难以制定科学、合理、有效的绿色节能建筑设计指导方案和考核制度，导致大量绿色节能建筑在技术应用和设备应用等方面缺乏规范性和合理性，绿色节能建筑在运行过程中存在成本高、节能效率低下等问题。

随着我国经济水平和科技水平的快速提高，绿色节能建筑的设计理念逐渐融入我国的建筑体系当中，推动我国绿色节能建筑设计快速发展，促进建筑业向绿色、环保、节能方向转型。我国建筑业应该不断提高绿色节能建筑的发展质量和节能水平，为人们提供更加健康、舒适、节能、环保、低碳的生活空间，未来，我国建筑业也将不断推进绿色节能建筑设计理念的应用和实践，进一步提高建筑在节能减排方面的水平。

建筑业在我国的国民经济和社会发展中占据着十分重要的位置，近年来，行业科技创新节奏越来越快，我国建筑业亟须充分利用人工智能等先进技术来提高自身的工业化和信息化水平，并不断加强对各种关键技术以及核心技术的研发和应用，积极推动传统建筑向智能建筑转型，革新工程建设模式，解决传统建筑业存在的高污染、高能耗、低效率以及建设环节碎片化、分散化等问题。

绿色节能建筑设计的技术路径

近年来,建筑业将可持续发展理念与建筑设计相融合,建设绿色化、节能化的建筑物,这种建筑物不仅能够为人们提供舒适的生活环境,还可以保护环境、节约能源,进而推动整个建筑行业实现绿色可持续发展,驱动建筑领域快速实现"双碳"目标。

1. 绿色节能建筑设计的特点

绿色节能建筑设计应该主要具备以下特点,如图2-2所示。

图2-2 绿色节能建筑设计的特点

(1)与环境相协调

绿色节能建筑设计应该在充分保障建筑物的功能性、实用性、美观性、高效性、环保性等性能的同时实现建筑全生命周期与自然人文环境的协调。

(2)提高资源利用率

绿色节能建筑设计应该最大限度地降低建筑物对环境造成的影响,发现并充分发挥建筑物所处环境的优势,提高自然资源的利用率,减少资源浪费。

(3)以人的需求为中心

绿色节能建筑设计不仅要满足建筑物在绿色、环保、节能等方面的要求,还要以人的需求为中心,充分满足人们对健康和舒适的追求,提高建筑设计的科学性、合理性,从而为人们提供一个健康、舒适的生活环境。

（4）节约能源

绿色节能建筑设计应该兼顾建筑物对绿色、环保和节能的要求，在建筑建造方面，建筑设计师要选择具有绿色、低碳、节能等特点的建造方式、建筑材料和设备，进而达到提高建设效率、缩短建设周期、减少能源消耗和保护环境等目的，同时也要提高建筑物对太阳能、地热能等自然资源的利用率，从而进一步节约能源，降低建筑碳排放。

2. 绿色节能建筑的技术措施

绿色节能建筑在设计时可以借助于以下技术措施。

（1）被动式建筑节能技术

被动式建筑节能技术是一种通过全面分析建筑的朝向、布局、墙体、通风、采光、遮阳、保温隔热等因素来提高建筑设计的合理性，进而提高建筑物的节能水平的技术。被动式建筑节能设计能够将建筑物周边环境中的光照、空气、植物等自然资源作为建筑设计的参考因素，通过合理的设计和规划减少建筑物在运行过程中的能源消耗。

（2）主动式节能技术

主动式节能技术在建筑领域的应用能够大幅提高建筑设备系统能效和可再生能源的使用比例，同时也可以促进各项先进的节能技术在建筑中的落地应用，从而优化节能环保效果。主动式节能技术能够为建筑节能提供技术层面的支撑，一般来说，主动式节能技术大致可分为可再生能源、测量和控制系统、能源和设备系统、室内环境调节系统。

随着居民生活水平的不断提高，人们对居住环境的要求也越来越高，因此，现代化的建筑设计应该充分满足人们对建筑采光、保暖隔热、通风和舒适性等方面的要求，提高建筑物在绿色环保节能方面的性能。在未来，被动式节能与主动式节能相融合的绿色节能建筑将会成为建筑业发展的主要方向，主要原因是：被动式建筑节能技术的应用能够在综合考虑建筑物的朝向、通风、采光等多项自然因素的基础上采用更加环保节能的建筑材料、建筑设备，并使用可再生的低碳能源；而主动式节能技术能够充分利用多种绿色环保低碳技术解决建筑物资源利用和节能环保方面的问题，在建筑建造和建筑运行阶段发挥重要作用。

可再生能源在建筑领域的应用

可再生能源指的是自然界中可以不断再生、永续利用的能源，具有取之不尽、用之不竭的特点。在"双碳"背景下，建筑行业对可再生能源进行开发利用具有重要意义。

1. 可再生能源在建筑领域应用的优势

可再生能源在建筑领域应用不仅可以节能减排，提高建筑的环保性能，而且可以产生较高的经济效益，具体分析如图 2-3 所示。

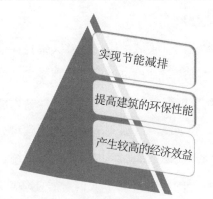

图 2-3　可再生能源在建筑领域应用的优势

（1）实现节能减排

建筑利用可再生能源的主要方式就是将其转化为电能、热能，代替传统高碳排放的化石能源，例如使用光伏电、风电、水电取代煤电等，满足各能耗系统对电能、热能的需求，从而实现节能减排。但因为目前仅凭可再生能源还无法完全满足建筑的能耗需求，所以要以合理的方式将可再生能源与传统能源相结合，借助先进技术最大限度地提高能源的利用率。

（2）提高建筑的环保性能

随着城市化进程不断加快，各类建筑工程的数量快速增长，对工程质量的要求也越来越高。建筑行业的快速发展虽然对城市经济发展产生了积极的促进作用，但也带来了比较严重的生态环境问题。

可再生能源在建筑领域的应用可以推动建筑行业实现低碳转型，助力绿色建筑发展。这一方面可以提高各类能源的利用率，减少废水、固体废弃物以及包含二氧化碳在内的有害气体的排放，满足人们对绿色、环保、健康、安全、舒适的居住环境、办公环境、生活环境的要求；另一方面也契合"绿水青山就是金山银山"的发展理念，迎合碳减排政策，可以实现长远发展。

（3）产生较高的经济效益

可再生能源的获取渠道比较多，开发使用成本比较低，建筑企业不需要为此投入太多人力、物力，只需要购买一些设备即可。未来，随着技术不断发展，可再生能源的获取渠道将不断拓展，成本将进一步下降，进而为建筑企业带来不错的经济效益。

2. 可再生能源在建筑领域的应用

目前，建筑行业正在不断加强对风能、水能、太阳能、地热能、生物能等可再生能源的利用，持续推动可再生能源在建筑领域的应用。

例如，建筑光伏一体化（Building Integrated PV，BIPV）能够在建筑和建材中集成光伏发电设备，并构建太阳能发电系统，进而实现太阳能的高效利用。

具体来说，建筑光伏一体化需要在建筑设计时将光伏方阵与建筑相融合，构建太阳能发电系统，并在建造过程中将太阳能光伏发电方阵作为建筑物的组成部分装配到屋顶或墙面等区域。建筑光伏一体化能够将太阳能转化为电能，并利用"光储直柔"技术实现直流配电、柔性交互、分布式储能和太阳能光伏应用等功能，进一步提高新能源的使用比例和建筑终端的电气化水平，从而减少为建筑物供电和配电过程中产生的二氧化碳，有效解决建筑物运行阶段存在的能耗高、排放高等问题。

太阳能光伏发电具有清洁、安全、便利、高效等优势，可以应用于各类建筑当中，推动高能耗建筑实现节能降耗。2021年6月20日，国家能源局综合司正式下发《关于报送整县（市、区）屋顶分布式光伏开发试点方案的通知》，要求各地区根据政策要求在学校、医院、村委会、党政机关、工商业厂房、农村居民房屋等建筑的屋顶上安装光伏发电设备，加快推进太阳能光伏发电系统在建筑领域的应用。

不仅如此，在建筑中融合分布式光伏并网发电技术还能够提高电力利用率，减少建筑物在用电方面的成本支出，并在建筑电力"自产自用"的基础上增加一定的收益，从而加快推进建筑碳减排，实现建筑零碳化发展。

除太阳能外，地热能也是一种可循环使用的清洁能源，在地热能的利用方面，我国建筑业可以利用地源热泵来将低品位热能提升为高品位热能，实现地热能的高效利用，从而减少对高品位能源的消耗。地源热泵系统能够同时满足供热、供冷和供生活热水等需求，且具有能效高的特点，其在建筑领域的应用能够在大幅降低建筑能耗的同时为人们提供舒适的生活环境，因此，我国建筑业应加速推进高效空气源热泵技术的应用。

与此同时，我国建筑业还应制定明确的可再生能源建筑应用规划，积极推进可再生能源建筑应用实践，并及时评估应用效果，总结建设经验，探索改进方法。不仅如此，我国也要进一步完善可再生能源建筑应用技术标准体系，对可再生能源建筑的设计、施工、运行和维护等方面进行规范和指导。

推动我国零能耗建筑的发展

零能耗建筑指的是借助各种方式减少建筑物的一次能源❶消耗量，使建筑物使用的一次能源净消耗量达到零或是近乎为零，可以使用的方式包括提高建筑物及内部设备的节能性能，充分利用建筑物自身生产的可再生能源，实现能量的局域化利用等。按照建筑节能设计标准，建筑物能耗主要来源于照明、通风、供冷、供暖、供应热水等。但在实际生活中，建筑物内的插座、电动汽车充电桩等也会产生能耗。

具体来看，零能耗建筑主要有以下几大特点：零能耗建筑既可以与外部的电网、热网相连，也可以不接入外部的电网、热网，实现独立供电、供热；零能耗建筑在计算能耗时不仅要考虑供暖、供冷、照明、家电、电力动力设备等能耗，还要考虑随着电动汽车的推广，蓄电池、家庭充电桩等设备可能产生的能耗；在计算能耗时，要利用国家认可的转换系数将各种能源转换为一次能源进行平衡计算，平衡计算的周期为1年。

2022年9月底，上海首个零能耗模块化建筑——招商蛇口璀璨城市展示中心建成交付。该项目是由中建科技集团有限公司负责设计与施工，经上海市住房和城乡建设管理委员会评审，获得中国建筑节能协会颁发的"零能耗建筑"证书。该建筑与传统建筑相比最大的不同就在于采用了新

---

❶ 一次能源：煤炭、石油、天然气等自然界中以原有形式存在的、未经加工转换的能量资源，又称天然能源。

型钢结构集成模块混合结构体系，将现场的施工人员减少了 70%，工期缩短了 50%，产生的建筑垃圾减少了 80%。

除了在施工环节实现了节能减排之外，建筑本身也可以减少能源消耗。建筑外窗使用三玻两腔断热铝合金窗，夏天可以隔绝室外的热空气，冬天可以隔绝室外的冷空气，从而减少夏天制冷、冬天取暖的能耗；使用光伏直驱多联机空调系统，可以将光伏产生的直流电直接接入空调外机，用清洁的光伏电代替传统的煤电，从而减少建筑电力系统的碳排放。

低能耗建筑向超低能耗建筑、近零能耗建筑发展逐渐成为世界各国建筑行业发展的重要方向，我国也积极出台各项政策措施支持绿色近零能耗建筑发展。2015 年 11 月，住房城乡建设部印发《被动式超低能耗绿色建筑技术导则（试行）（居住建筑）》，深入贯彻落实推进生态文明和新型城镇化建设战略。2019 年 1 月，住房和城乡建设部发布《近零能耗建筑技术标准》，对近零能耗建筑进行全面、明确的规范，这是我国第一部近零能耗建筑的引导性国家标准，为我国近零能耗建筑体系的完善和整个建筑领域的发展提供了政策支持。

2020 年 9 月，中国建筑科学研究院发布《近零能耗建筑规模化推广政策、市场与产业研究》，该项研究阐释了我国各地方政府针对超低能耗建筑发展推出的相关政策，以及国内外超低能耗建筑以及近零能耗建筑的发展情况，并指出了我国近零能耗建筑产业的发展现状。

就目前来看，我国近零能耗建筑产业具有规模小、产品自主研发水平较低、产品对进口的依赖性较强等特点，因此，我国应通过发布相关激励政策来支持近零能耗建筑产业快速发展，推动产业升级和技术创新，并引导部分先进企业加强自主品牌建设，积极构建产业生态，从而充分发挥先进企业在产业链中的领航作用，带动产业链上下游齐发展，成为驱动经济增长的新动能。

绿色建筑、生态建筑、可持续建筑和低碳建筑都具有节能减碳的作用，都是我国建筑行业低碳发展内的重要组成部分，除此之外，零能耗建筑也是。根据住房和城乡建设部发布的《近零能耗建筑技术标准》GB/T 51350—2019，零能耗建筑是一种能够利用技术手段生产和利用可再生能源，且全年的能源消耗量小于等于零能耗建筑本身生产的能源量的建筑物。在我国，零能耗建筑还处于发展初期，因此，我国需要提高零能耗建筑的发展速度，通过零能耗建筑建设实现建筑脱碳，进而加快建筑领域实现碳中和的速度。

此外，2020年7月，住房和城乡建设部、国家发展改革委、教育部、工业和信息化部、人民银行、国管局和银保监会联合发布《关于印发绿色建筑创建行动方案的通知》，要求各地区政府部门根据政策要求和当地实际情况推进绿色建筑建设。目前，我国已有多个省份制定并发布了绿色建筑相关政策文件，大力推动建筑领域向绿色化、低碳化发展，并不断扩大当地的绿色建筑市场规模。在未来，我国应持续优化相关政策体系和管理制度，充分发挥政策的指引作用，助力建筑领域更快实现零碳排。

第 3 章
基于建筑全生命周期的碳减排策略

建筑生产阶段的碳减排策略

对建筑企业来说,要借助数字化技术重塑未来建筑形态,既需要在确保经济性的同时合理利用资源为人们打造安全、舒适、健康、环保、节能的生活环境,也要积极转换思维,从绿色低碳发展战略入手进行创新,明确自身定位,提高在市场中的核心竞争力,从而不断创造价值。

建筑碳中和需要我们立足于建筑全生命周期制定减碳策略,具体来说,建筑全生命周期包括生产设计、建筑运营、废旧拆除等多个阶段,对于不同的建筑阶段,我们需要运用不同的手段来推进节能降碳工作。下面我们首先分析建筑生产与设计阶段的低碳化发展策略。

建筑设计对建造成本有着直接的影响,科学合理的绿色建筑设计不仅可以提高建筑的经济性和实用性,还能有效减少能源浪费和碳排放,达到节能降碳的目的。在建筑设计和建材生产阶段,建筑业可以通过减少高碳建材使用和研发绿色建材等方式来推动建筑脱碳。

开发和使用绿色低碳建材是建筑领域实现减碳目标的关键。在建筑生产设计阶段,建筑业应推动建筑材料向绿色化、低碳化发展,大力研发低碳的绿色高性能建材,并积极革新建材生产技术,推动建材生产过程降碳。

以水泥生产为例，建筑业不仅可以利用原料替代技术实现节能减排，还可以通过研发和使用低碳水泥和低碳胶凝性材料等新型低碳建材的方式达到降碳的目的。除低碳水泥外，使用高性能混凝土材料也能够有效减少水泥的使用量，进而减少碳排放，为建筑领域实现脱碳提供支持。

建材行业属于高碳排行业，推进建筑领域脱碳有助于我国早日实现"双碳"目标，我国建筑业在推动节能降碳工作的过程中，既可以采取使用低碳建材、减少建材使用量等方式减少碳排放，也可以通过研发和使用高性能、绿色化的混凝土来节约能源和资源。

根据《中国建筑能耗研究报告（2020）》，2018年，建材生产阶段的碳排放约占全国碳排放的28.3%，其中水泥生产和钢铁生产的碳排放量在全国碳排放总量中的占比均超过10%。数字水泥网的数据显示，2020年，水泥行业的碳排放量约为13.7亿吨，占全国碳排放总量的13.5%。国家统计局的数据显示，2020年，我国粗钢产量约为10.53亿吨，而我国钢铁行业的碳排放量约占全国碳排放总量的15%。

由此可见，建筑领域若要实现碳达峰、碳中和，就要推进建材低碳化，具体来说，可以从以下几个方面入手：

- 推进产业结构升级，生产绿色低碳建材产品，助力建材工业实现绿色低碳转型。
- 加快推进建材行业绿色低碳技术的研发和推广应用，构建绿色建材制造和服务体系。
- 严格控制大规模拆除、搬迁和建造行为，充分利用建筑和拆迁废弃物以及其他行业废弃物。
- 加强低碳技术研发，既可以以二氧化碳为原料生产建材产品，也可以生产能够吸收二氧化碳的建材产品。
- 加强对建筑垃圾的分类、回收、堆存、资源化利用和产品应用，提高建筑垃圾资源的回收利用率。
- 加强对二氧化碳捕集、封存和利用技术的研究和应用。

建筑施工阶段的碳减排策略

绿色施工就是充分利用各种先进的技术手段，在确保建设质量和施工安全的同时因地制宜地开展建筑活动，并在最大程度上节约能源、材料、用地和水资源，保护工地及周边环境。具体来说，绿色施工能够通过资源和材料回收再利用等方式提高资源和材料的利用率，进而达到减少资源和材料消耗的目的，也能通过以可再生材料代替不可再生材料的方式来节约材料，同时，还能通过减少施工场地占用和控制施工现场的粉尘、噪声、污水、废气、固体废弃物等来减少对环境的不良影响。

为了提高绿色施工水平，建筑行业应在数据库中录入设备配置、使用数量、施工进度、人员信息等数据，并充分利用各类数据和信息化技术对建筑施工过程进行全方位低碳生产管理，进而优化配置人、机、料、法、环等各项能够影响建筑质量的关键因素，从而达到提高效率、降低能耗、减少碳排放、缩短建设周期的目的。图3-1为建筑施工阶段的碳减排策略。

与此同时，建筑施工企业还应为建筑物装配光能装置和其他相关节能设备，并应用过载保护系统，进一步提升能源使用效率；建筑施工企业要提高建筑工程施工现场管理的科学性和合理性，并对人力、财力、物力等资源进行优化配置；我国相关部门应建立健全建筑领域低碳发展的基本制度和政策体系，并针对建筑行业绿色低碳发展设立标准体系，而建筑施工企业也应确立周期性低碳减排目标，并采取相应的激励措施来推动建筑施工转向绿色化、低碳化。

图 3-1　建筑施工阶段的碳减排策略

1. 优化施工方案

在建筑全生命周期的碳减排中，施工方案的制定非常重要。因为一套先进科学的施工方案不仅可以缩短施工周期，降低施工成本，还可以减少施工各环节的能耗与碳排放。但制定这样一套施工方案并非易事，对施工企业的技术能力、治理能力以及综合实力的要求都比较高。

2. 提高机械效率

（1）强化机械设备治理

在施工过程中，施工企业要做好机械设备管理，具体策略如下：

- 严格禁止能耗高、效率低、性能差的机械设备进入施工现场。
- 对处在生产一线的机械设备进行合理调度，有计划地进行维修保养，保证机械设备处于良好的运行状态，尽量减少机械设备"带病作业"或者在作业过程中突发故障等，因为机械设备"带病作业"会消耗更多能源，排放更多二氧化碳，而作业过程中突发故障会影响施工进度，增加施工成本。
- 选择额定功率恰当的电动设备，以免因为功率不合适导致能源浪费，或者损坏设备的电动机。
- 选择合适的变压器容量，因为变压器容量过大会导致资源浪费，容量过小又可能因为超负荷运行发生故障。

- 遵循"即用即开"的原则对施工现场的照明设备与机械设备进行管理，防止机械设备空载运转。

（2）尽量使用当地的建材

建材运输会产生大量的二氧化碳，而且碳排放量与运输距离、运输方式息息相关。如果建筑施工阶段过多地使用外地建材，不仅会增加运输成本，而且会产生更多碳排放。为了实现节能减排、降本增效，应尽量选择本地的建材。

（3）施行装配化施工

装配化施工就是先加工建筑构件，然后将构件运往施工现场进行装配。这种施工方式的优点有很多，包括可以减少现场施工程序，不需要太多人员、物料、设备进场，可以对各种生产资源进行优化组合，减少中间环节，从而降低施工成本以及施工过程中的碳排放。

3.利用低碳环保材料

相较于普通材料来说，低碳环保材料的能耗、碳排放以及对环境的污染程度都要低很多，而且可以回收再利用。因此，建筑施工阶段想要实现节能减排，可以尽量使用低碳环保材料，例如使用新型建材增强墙体的强度，延长墙体的使用寿命，提高墙体的保温隔热能力等。

一直以来，我国建筑材料市场比较混乱，在施工过程中建材浪费现象也比较严重。为了减少由于过量使用建筑材料导致施工现场建筑垃圾过多的情况发生，施工管理人员一方面要精准控制建筑材料的用量，另一方面要推广应用节能技术，包括自然通风和采光系统、保温节能系统、温湿度独立操纵系统、垃圾分类回收系统等，减少建筑材料的用量，实现建筑施工低碳化甚至零碳化目标。

建筑运行阶段的碳减排策略

现代化的节能建筑通常采用电气化的方式为人们供暖、制冷、供应生活热水等,这不仅能在一定程度上帮助人们节约生活成本,还可以大幅降低碳排放量,进而达到节能减排的目的。随着可再生能源在电力领域的使用比例不断增高,电力系统的结构形态也会发生变化,因此电力需求弹性的价值也可能会有所提升,而智能化设备的应用也能够有效增强电网弹性,用户还可以通过使用智能化设备来减少电气化全生命周期的成本。

具体来说,我国建筑业可以采用电能替代、降低建筑用能需求、提高用电设备的能效水平等手段在技术层面推动建筑电气化。建筑电气化的实现能够大幅提高建筑能效水平,降低建筑运行能耗和碳排放,在建筑业实现碳达峰的过程中发挥着十分重要的作用,如图3-2所示。

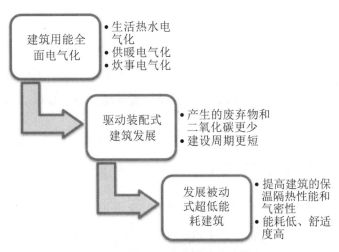

图 3-2 建筑运行阶段的碳减排策略

1.建筑用能全面电气化

推动建筑业实现全面电气化、降低建筑业能耗比例是我国实现"双碳"目标的重要途径。具体来说,我国建筑业应升级优化电气节能技术,引导生活热水、供暖、炊事等向电力化转型，对建筑物进行节能改造，提高建筑物的电气化水平，进一步减少建筑运行阶段的碳排放。

(1) 生活热水电气化

目前我国居民大多使用电热水器、燃气热水器或太阳能热水器来制备生活热水，其中，使用燃气热水器制备热水不仅需要消耗大量化石能源，还会产生大量二氧化碳，因此，降低建筑运行阶段的碳排放需要推动生活热水电气化，利用电热水器来代替燃气热水器。

(2) 供暖电气化

中研网提供的统计数据显示，目前我国供暖领域的碳排放量约占全社会碳排放总量的10%，由此可见，建筑供暖系统会产生大量二氧化碳，因此，我国建筑业应重构绿色低碳供暖体系，利用空气能热泵、电热泵等来满足居民采暖需求，实现建筑能源脱碳，进而达到节约能源、提高经济效益的目的。

(3) 炊事电气化

利用电蒸锅、电炒锅、智能变频电气灶等电炊事设备来代替燃气灶能够有效减少明火烹饪，进而减少化石能源的使用，降低炊事活动过程中的碳排放量。

2. 驱动装配式建筑发展

装配式建筑是指把传统建造方式中的大量现场作业转移到工厂进行，在工厂加工制作好建筑用构件和配件（如楼板、墙板、楼梯、阳台等），运输到建筑施工现场，通过可靠的连接方式在现场装配安装而成的建筑。与现场浇筑相比，装配式建筑使用的建筑材料以及建造过程中产生的废弃物和二氧化碳更少，建设周期也更短，因此，大力推行装配式建筑有助于建筑领域减少碳排放。

住建部公开数据显示，2020年全国新开工装配式建筑共计6.3亿平方米，约占新建建筑面积的 20.5%。2022 年 3 月，住建部在《"十四五"建筑节能与绿色建筑发展规划》中提出"到 2025 年装配式建筑占当年新建建筑的比例达到 30%"等建设目标，大力推进建筑节能改造。

3.发展被动式超低能耗建筑

被动式超低能耗建筑是一种能够通过提高建筑的保温隔热性能和气密性等方式来保障建筑内部环境的舒适度的建筑，具有能耗低、舒适度高等优势，因此，发展被动式超低能耗建筑有助于减少能源消耗，降低建筑物对外界能源的需求，进而达到节能减排的目的。

建筑拆除阶段的碳减排策略

建筑物在拆除或翻新的过程会产生许多木材、玻璃、混凝土等建筑垃圾，废弃物处理也会产生大量二氧化碳。建筑行业公开数据显示，每拆除一平方米建筑会产生 1.3 吨左右的建筑垃圾，而对应每新建一平方米建筑会产生 0.3 吨左右的建筑垃圾，由此可见，废旧拆除阶段会产生大量废弃物。

据中国科学院的研究报告显示，我国每年产生的建筑垃圾大约有 24 亿吨，占城市固废垃圾总量的 40%；而中国循环经济协会提供的另一项研究数据显示，我国建筑垃圾的综合利用率不足 5%，现阶段，我国通常采用运往填埋场填埋的方式来处理建筑垃圾。因此，我国需要对建筑物的拆除过程进行低碳化改造，升级建筑垃圾的处理方式，并对建筑垃圾进行资源化利用。

目前，建筑垃圾资源化利用已经成为一个发展前景十分广阔的行业，一方面，建筑垃圾资源化利用可以以更环保的方式处理旧建筑拆除以及新建筑施工过程中产生的建筑垃圾，减少建筑垃圾对环境的二次污染；另一方面，建筑垃圾资源化利用即通过减量化、无害化、资源化等技术手段对建筑垃圾进行处理，可以以其为原料生产再生砂石、再生环保砌块、再生空心砌块、再生高品质彩色步道砖等建材，变废为宝，从而实现循环利用。

很多建筑垃圾经过处理都可以作为资源实现再利用，例如砖、石、混凝土等废料经过粉碎可以代替砂土，用来制作砌筑砂浆、抹灰砂浆，作为混凝土的垫层，制作砌块、铺道砖、花格砖等；废钢筋、废铁丝、废电线和各种废钢配件等金属可以回炉加工成各种钢材；废木材可以用于制造人造木材等。

总而言之，建筑垃圾资源化利用不仅可以实现建筑垃圾资源化、减量化、无害化处理，节省垃圾填埋用地，减少对环境的污染；而且可以在一定程度上减少对天然砂石的需求，缓解天然砂石过度采挖问题，保护自然环境，具有显著的经济效益、社会效益和生态效益。

在我国，建筑垃圾的回收再利用主要包括两部分：一是对建筑拆建过程中产生的固体废弃物进行分类回收，并利用砖、石、混凝土等生产再生骨料、再生砖、无机料等建筑材料；二是借助碳捕集利用与封存技术和生态固碳等手段把建筑拆建过程中产生的二氧化碳收集并储存起来，作为碳汇。建筑垃圾的回收再利用能够循环利用资源，有效减少建筑领域的碳排放和固体废弃物排放，实现节能降碳。

其中，CCUS（Carbon Capture, Utilization and Storage，碳捕获、利用与封存）是我国建筑领域实现"双碳"目标的关键技术，具体来说，CCUS技术的应用能够实现二氧化碳固化，通过封存二氧化碳提高混凝土的抗压强度、耐久性和初凝速度，减少水泥的使用量，也有助于快速提高建筑群的绿化率和碳汇能力，并进一步净化空气、美化环境。

从本质上来看，碳中和是能源革命在新阶段的发展目标，2019年联合国气候行动峰会发起碳中和倡议后,世界各国陆续确立碳中和目标,积极优化能源结构,革新二氧化碳净零排放技术。碳中和技术和策略的主线是能源供给端的变革,需要以能源零碳技术的可行性和经济性研究作为基础。对我国来说,技术和成本是实现碳中和道路上的两项难题,因此我国应推动技术创新,发展低碳建筑,对建筑全过程采取节能降本措施。

第 4 章
绿色水泥：我国水泥工业碳中和之路

"双碳"驱动水泥产业绿色发展

随着全球气候问题不断加剧，减少化石能源的消耗、降低碳排放已成为全球可持续发展的迫切需求，为此，我国提出了"碳达峰""碳中和"（简称"双碳"）的战略目标。这一目标以减少碳排放为核心，倒逼我国开展能源转型，从而推动经济社会绿色发展，改善生态环境质量，对我国乃至全球经济和环境的可持续发展具有重要意义。

据联合国提供的统计数据显示，世界各国实现碳中和的目标年份大致在2050年，但实现碳达峰的年份却相差较大。例如，英法德等国家在20世纪90年代便实现了碳达峰，因此其从碳达峰到碳中和的时间大约有60年；美国在2007年实现了碳达峰，从碳达峰到碳中和的时间有43年；而我国由于工业化起步较晚，目前还处于工业化快速发展的阶段，计划到2030年实现碳达峰，到2060年实现碳中和，年份相差只有短短的30年，因此我国的碳减排任务十分艰巨。

1. 我国水泥工业的发展现状

水泥工业是我国的基础产业和支柱产业，为国民经济的发展提供了重要的原料基础，对我国经济持续稳定发展具有重要作用。据中国水泥协会提供的统计数据，2020 年，我国的水泥产量为 23.77 亿吨，约占全球水泥总产量的 55%，水泥工业碳排放约 14.66 亿吨，约占全国碳排放总量 14.3%。

从近 10 年的发展趋势来看，我国的水泥工业正在稳步发展，而水泥制造产生的二氧化碳排放量也在逐步降低，并有望在"十四五"期间提前实现自身领域的碳达峰。由此可见，水泥工业的碳减排工作在我国整体碳减排工作中位居前列，水泥工业实现碳中和对我国实现全面碳中和具有重要意义。

为全面实现"双碳"目标，我国政府出台了相关政策，支持并引导建筑材料行业的低碳化发展。2021 年，中国建筑材料联合会颁布了《推进建筑材料行业碳达峰、碳中和行动倡议书》，并提出"我国建筑材料行业要在 2025 年前全面实现碳达峰，水泥等行业要在 2023 年前率先实现碳达峰"。为此，我国水泥工业必须要进一步加强现代化技术的应用，以实现自身的绿色低碳发展，进而引领我国经济各个领域实现"双碳"目标。

2. 水泥工业领域的低碳技术

据全球碳捕集与封存研究院的数据显示，水泥行业是全球最难实现脱碳的行业之一，传统技术无法实现水泥行业的零碳排放。目前，全球公认的碳减排关键技术之一是碳捕集利用和封存技术，该技术能够将大型工厂产生的 CO_2 收集起来，并利用各种技术将其提纯加工，使其能够作为原料投入新的生产过程，对于没有利用的 CO_2 则进行封存，避免其进入大气。而值得期待的是，CCUS 技术也将大规模应用于水泥行业。

2020 年 5 月，欧洲水泥协会出台了《巩固欧洲绿色新政》，并提出在 2020—2030 年间，水泥和混凝土行业的 CO_2 排放量将会显著减少，2050 年这一领域有望实现零碳排放。此外，为迎合全球碳减排工作，很多大型国际水泥集团（如西麦斯、海德堡、拉法基豪瑞等）纷纷提出自身的碳减排发展战略，提出与1990年相比，到2030年自身的CO_2排放量要减少30%～40%，并计划于2050年在水泥和混凝土领域全面实现零碳排放。

国际能源机构（International Energy Agency，IEA）曾提出"IEA 2010—2050水泥工业发展蓝图"，强调：到2050年，水泥工业的CO_2排放量要比2015年减少25%。目前，世界范围内已经逐渐研发出关于水泥工业碳减排的技术，其中较常用的有CCUS、降低燃料掺量、替代原料或燃料等，三者对于碳减排的贡献度具有一定的差别。不过，从目前的形势来看，碳减排工作仍面临碳捕集成本较高、捕集的CO_2难以高效利用和封存等痛点。

提升能效：助力水泥工业节能降碳

水泥工业作为我国的基础产业，推进碳减排刻不容缓，研发并推广水泥工业低碳技术至关重要。水泥工业可以结合现代化先进技术，围绕自身碳排放的主要来源，研发创新水泥工业低碳技术。下面，我们首先从能效方面来分析水泥工业的碳减排策略。

传统水泥工业生产过程中，化石燃料的消耗量较大，制造工艺耗电高，系统余热利用率低，热量浪费现象严重，能源效率低下。围绕这些问题研发能源效率提升技术，可以有效提升能效。

1. 提升预热器系统的热效率

从水泥制造的工艺流程来看，预热器系统的热效率相对低下，其主要受旋风筒连接管道系统的气固换热效率和旋风筒的分离效率的影响，因此可以从以下方面提升预热器系统的热效率。

- 在连接管道内气固换热效率方面，可以通过改善管道结构，控制管道风速，优化撒料设备，选取合理的下料点来提升气固换热效率。
- 在旋风筒的分离效率方面，要结合离心率理论，改造旋风筒结构，以提升其旋转动量矩的合理性，从而提升分离效率。
- 此外，还要注意控制窑头和窑尾输送燃料的风量，同时要控制窑头燃烧器的一次风率，从而尽可能地减少进入系统的冷风量，进而提升系统的热效率。

2. 降低能耗和热耗

一方面可以在预热器内增加一级预热，从而对生料进行更强的预热，使其能够在入窑前达到更高的温度。当预热器级数增加后，预热器出口的温度会降低，相应地，生料入窑烧成熟料后的热耗也会随之降低。根据行业内的公开数据，6级的预热器出口温度可降低50～60℃，生料烧成熟料的热耗大约可以降低3.5～4.5 kg/t。

另一方面要加强控制进入系统的冷风量，同时注重利用系统稳产、高产综合控制技术，提升热效率。同时，转变各类高温设备（分解炉、窑头罩、回转窑等）的材料应用，注重使用新型纳米隔热材料，通过降低导热系数来降低设备的表面散热，从而降低热耗。除此之外，降低系统操作管理方面的能耗也十分重要，可以借助先进的智能操控技术对系统进行合理操控，使其能够处于最佳运行状态，进一步降低热耗。

除以上提到的两方面外，要提升水泥工业的能效，还可以加强篦冷机的回收利用，减少系统余热的浪费，提升系统余热的利用效率，从而降低热耗。

目前，我国水泥工业碳减排领域的能源效率提升技术已经接近成熟，特别是熟料烧成热耗和综合粉磨电耗等技术已经远超世界其他国家，在水泥生产过程中，几乎所有电耗都来自系统余热发电，因此我国能源效率提升技术的未来发展潜力较小，要想全面实现水泥碳中和，还要不断研发其他相关碳减排技术。

燃料替代：清洁燃料技术的应用

燃料替代技术，是指利用低碳、零碳排放的燃料或其他类型的燃料来代替化石燃料为水泥工业生产提供能量的一种技术。替代燃料技术较为成熟，其使用成本低廉，同时可以在不影响原生产系统的前提下取得显著的碳减排效果，是全球公认的最佳工业碳减排技术。

目前，很多国家或地区都在积极推行替代燃料技术。例如，2020年，日本水泥生产领域的燃料替代率已达到20.3%；美国水泥生产领域的燃料替代率达到了14%，并计划到2030年达到35%。

1. 生物质燃料

生物质燃料实际上是指生物质成型燃料（Biomass Moulding Fuel，BMF），指的是以农林废弃物、动物粪便、城市和工业有机废弃物等生物质为原料，通过粉碎、混合、干燥、压缩等各种工艺而制成的燃料，是一种清洁型燃料，可以部分替代化石能源。在我国水泥生产领域，尽管生物质燃料在燃烧过程中也会产生CO_2，但对气候变化几乎没有影响，因此可以说，生物质燃料技术可以真正实现零碳排放，对我国而言，这项技术可以有效缓解碳减排的压力。

其中，农林生物质来源十分广泛，包括大田秸秆、树枝树干树叶、各类坚果壳、杂草、竹子等，城市和工业有机废弃物包括家具厂肥料、竹器加工厂肥料等。据人民网提供的数据，我国每年的秸秆产生量将近9亿吨，每年的畜禽粪污产生量约为38亿吨，但是目前的综合利用率较低，比如畜禽粪污的利用率仅在50%左右。

事实上，这些生物质内储存的能量非常丰富，将其加工成生物质燃料，可以在提供充足的能量供给的同时，大幅降低碳排放量。《3060零碳生物质能发展潜力蓝皮书》中提到，"到2030年，我国利用生物质能将减碳超 9 亿吨，到 2060 年将减碳超 20 亿吨"。

我国幅员辽阔，拥有种类丰富、数量庞大的生物质，这为水泥工业利用生物质燃料进行工业生产奠定良好的基础。同时，由于生物质的处理成本低，且经过处理的生物质燃料在使用过程中几乎不会将冷空气带入到烧制系统，因此，生物质燃料在我国水泥碳减排领域拥有着广阔的应用前景。

值得注意的是，受气候环境的影响，生物质也具有一定的季节性和周期性特点，因此，我国的水泥工业领域要做好规划，可以通过建设储存库房或与农户合作的方式来储存和运输生物质，从而实现生物质的年度均衡供应。

2. 垃圾衍生燃料

垃圾衍生燃料（Refuse Derived Fuel，RDF）是以生活可燃性垃圾为原料，经过粉碎、筛选、烘干、添加药剂、挤压成型等工艺制成的燃料，其作为替代燃料应用于水泥制造中，也可以很好地实现水泥碳减排。

目前，欧美日等发达国家的 RDF 制备技术和工艺相对成熟，可以通过不同的工艺制备不同等级的 RDF，高品质 RDF 替代率可达到 50%～100%。而在我国，由于相关技术和工艺相对落后，且 RDF 制备成本较高，因此我国的 RDF 只能通过对城市生活垃圾的简单破碎和筛选工艺制成，其热值较为不稳定，无法保证熟料烧成的质量和产量，因此目前我国的 RDF 在水泥工业领域使用率较低。

3. 氢能

氢能是全球公认的清洁能源，可以作为化石燃料的替代燃料，提供大量能量，同时又能实现零碳排放，是水泥工业碳减排中最理想的替代能源之一。氢能可以实现燃料、电能、热能等多种能源的耦合，并与电能协同配合，共同搭建互联互通的现代能源网络，为工业生产提供灵活高效的电力供应。

现阶段，拉豪、西麦斯、海德堡等国际知名水泥企业也同样注重氢能的使用，并将氢能列为重要的战略能源，同时持续加强氢能技术的研发，以早日实现水泥制造燃料的替代。目前，汉森水泥公司（海德堡的子公司）已经在水泥窑领域实现了燃料替代，其中氢能占20%，生物质燃料占70%，另外10%是甘油。

目前，我国政府也出台相关政策，支持和鼓励各行业领域使用氢能。2019年，《政府工作报告》首次将氢能纳入报告内容；2022年3月，发改委出台了《氢能产业发展中长期规划（2021—2035年）》，明确指出氢能是"未来国家能源体系的重要组成部分"，是"用能终端实现绿色低碳转型的重要载体"，并强调要重点发展氢能产业。不过在水泥行业内，成本、环境、工艺等方面的原因导致氢能的替代率仍较为低下。

因此，我国水泥行业要不断研发创新氢能技术，降低氢能制备和使用成本，同时改善水泥制造环境，优化水泥制造工艺，为氢能替代化石燃料打造条件，最终将氢能应用于水泥生产的各个环节中，以加快水泥碳减排进程。

基于CCUS技术的水泥碳减排策略

在水泥工业领域，CCUS技术是较为有效的碳减排技术，相关的碳捕集工艺方案有很多种，目前水泥工业领域较常用的有富氧燃烧技术、化学吸收法和碳捕集技术。

1. 富氧燃烧技术

利用富氧燃烧技术进行碳捕集，需要先通过物理增压或化学制氧等方法对空气中的氧气进行收集提纯，再将氧气、煤炭和生料一同投入富集二氧化碳窑尾系统中进行燃烧，得到含有高浓度 CO_2 的烟气，烟气排放会经过环保系统，环保系统会将烟气中的杂质、污染物剔除，由此得到浓度更高的 CO_2 气体，最后再经过进一步提纯和压缩形成液态 CO_2 或干冰。这是富氧燃烧技术的完整碳捕集过程。

当然，这一技术对水泥窑工艺的要求较为苛刻，因此水泥工业要先进行工艺改造，改变预热器、分解炉、回转窑、熟料冷却器等装置中的气体氛围，并回收一部分有用的烟气。

2. 化学吸收法

化学吸收法是利用化学吸收剂（如醇胺水溶液）吸收 CO_2，并与之发生化学反应生成不稳定的盐类，当工业流程需要用到 CO_2 时，会对这类盐进行相应操作，如加热、摇晃等，使之将原来吸收的 CO_2 再重新分解释放出来，这样吸收剂就可以重复使用，CO_2 会源源不断地产生，形成一个 CO_2 循环，从而达到碳捕集的目的。

吸收剂吸收 CO_2 会达到 CO_2 富相和 CO_2 贫相两种相态。实际上，化学吸收法属于工业末端治理手段，一般部署在工业链下游，对上游工艺几乎没有要求，具有较强的适用性，目前该工艺已经发展到较为成熟的水平，并广泛应用于天然气净化、燃煤发电、煤化工等领域。

不过，化学吸收法也存在一些问题，比如运行成本大、吸收剂需要定期补给或更换等。因此，水泥工业领域要不断推进技术创新、优化设备性能，以解决这些问题。

在降低成本方面，可以采取以下两种方式。

- 优化水泥生产的各个流程，提升碳捕集系统和环保系统的性能，从而提升窑尾烟气 CO_2 的浓度。
- 只将 CO_2 富相投入再生环节，从而降低再生能耗。

在吸收剂方面，加强新型复合吸收剂的研发，使其能够实现高效的 CO_2 吸收和分解，从而提升吸收剂的使用效率，同时也可以有效降低成本，主要可以通过以下两种方式来研发。

- 复配性能互补的单一吸收剂，使新型复合吸收剂可以兼具多种单一吸收剂的优势，不过要注意这些单一吸收剂之间的化学反应，避免适得其反。
- 在吸收剂中添加活化剂，提升 CO_2 吸收率。

3. 碳捕集技术

通过 CCUS 技术对水泥窑捕集到的 CO_2 进行加工处理，使其转化成可再次利用的能源，这样不仅可以大幅减少碳排放，而且能够有效节约资源，对水泥工业实现绿色可持续发展以及环境改善都具有重要的推动作用。

事实上，从水泥工业领域捕集的 CO_2 并非仅能应用于水泥制造，而是在国民经济发展的多个行业领域都可应用，这些领域可以根据市场情况和 CO_2 的形态进行选择应用，比如：

- 气态 CO_2 主要可以应用于尿素、碳酸氢铵、碳酸钠、沉淀碳酸钙等化工生产领域。
- 液态 CO_2 的应用领域较为广泛，包括石油和天然气开采、橡胶和塑料制造、焊接与切割、消防、食品加工、碳酸饮料等领域。
- 固态 CO_2 主要应用于运输制冷、影视拍摄等领域。

第二部分 | 智慧建筑

第 5 章
智慧建筑：赋能建筑业低碳化转型

数字化赋能智慧建筑新形态

18 世纪中叶以来，人类总共经历了四次工业革命，分别是 18 世纪第一次蒸汽技术革命、19 世纪第二次电力技术革命、20 世纪第三次计算机技术革命和如今我们所处的绿色智能工业革命，即工业 4.0。其中，德国政府在《德国 2020 高技术战略》中提出的工业 4.0 战略，以网络实体系统和物联网为技术基础，目的是提升德国工业的竞争力，整合商业流程和价值流程中的客户、商业伙伴，建立具有适应性、资源效率和基因工程学的智慧工厂。

随着新一轮工业革命的快速发展，城市、建筑行业获得了巨大的进步，城市更新、行业更新问题也愈来愈突出。在城市的应用中，工业 4.0 战略和相关技术创造出了巨大的价值，对于实现城市产业链的重构、城市新经济形态的构建有着非常大的意义。

近年来，国家高度重视云计算、大数据、物联网、人工智能等新一代信息技术在建筑业中的应用，颁布实施了一系列政策和措施，不仅推动了建筑业数字化的发展进程，也有力地推动了数字中国和智慧社会的建设。

1. 智慧建筑的概念与内涵

我国智慧建筑的发展始于 20 世纪 80 年代末，在这一时期，信息技术飞速发展，为我国智慧建筑带来了发展的契机，部分经济水平较高的城市开始将信息技术融入智慧建筑建设当中，到 90 年代，智慧建筑的建设规模不断扩大。

智慧建筑是融合了计算机、多媒体、智能控制、网络通信、生物识别等多种先进技术和现代建筑艺术的建筑，能够以用户需求为中心，对建筑的结构、系统、设备、服务和管理等方面的相关数据信息进行采集、监测、管理、控制和组合优化，并将各方面之间的组合调整至最佳状态，从而达到提高建筑的便捷性、舒适性、安全性、可靠性、高效性和灵活性的目的，让用户能够享受到更加优质的服务。

智慧建筑作为一种新事物，其研究和产业化正处于不断发展、在探索中前进的阶段，其方法理念也正在向传统建设领域渗透和过渡，是传统建筑行业转型升级的必然选择。达沃斯世界经济论坛人工智能委员会主席贾斯汀·卡塞尔（Justine Cassel）在谈到智慧建筑时说："智慧建筑有 3 个关键词：智慧分析、智慧定制化、智慧的行为改变"。

2. 当前我国智能建筑的发展情况

中投产业研究院发布的《2022—2026 年中国智能建筑行业深度调研及投资前景预测报告》显示，2015—2020 年，我国智慧建筑市场需求规模总体呈波动上升态势，2020 年，全国存量智慧建筑投资规模达到 3146 亿元，新增智慧建筑市场需求规模达到 2590 亿元，总市场规模达到 5736 亿元。由此可见，我国智慧建筑的发展异常迅速，智慧建筑设计量也随之不断增长。

随着信息通信、人工智能等技术在智能建筑领域的应用不断深入，目前的智能建筑已经具备通信自动化、办公自动化、楼宇设备自动化等多种智能化系统，并初步建立起相对完善的智能控制系统。近年来，社会经济和科学技术高速发展，智能建筑的功能和系统类型日渐丰富，因此智能建筑的自动化系统管控能力也需要与时俱进，智能建筑行业既要认识到计算机技术在系统自动化管理方面的重要性，也不能忽视信息学、心理学、仿生学等领域与智能化之间的联系。

除此之外，智能建筑还需要加强对服务、通信等方面功能的优化管理，加快实现全方位系统控制的步伐。由此可见，智能建筑的发展需要融合大量信息技术，并加强各项技术在智能建筑中的创新应用。

3. 智能建筑发展存在的问题

我国智能建筑领域虽然已经取得了一定的成就，但在智能建筑发展的过程中存在的诸多问题也不容忽视，比如：

①智能建筑的智能化应用缺乏多样性，部分智能建筑项目在开发时只在建筑物中融合了某一项智能化功能，但并未构建起多项智能化功能协同作用的智能化系统。

②与部分发达国家相比，我国智能建筑起步较晚，控制系统等智能系统的应用技术水平还有待提高。以楼宇自动化系统为例，该智能系统虽然具备应用范围广的优势，但其目前的应用仅支持顺序逻辑判断，无法实现思维逻辑的学习和判断，还需要依赖人工来完成参数校正工作。

③我国的智能建筑缺乏综合自控能力，在系统调节方面对人工的依赖性较大，这主要是因为我国的智能建筑的主系统和子系统均独立运行，两个系统之间互相脱节，且相关设备设施过多，不同控制系统的调节方法也各有不同，技术人员难以充分掌握所有类型的控制系统的调节方法。

智慧建筑的关键技术

智慧建筑能够实现万物互联，通过智能设备的感知，收集和分析楼宇内产生的一切数据信息，打造智能高效的运维管理及服务体系，在为用户提供无障碍体验的同时实现资源的优化配置和高效利用，推动智慧城市乃至数字国家的蓬勃发展。

图 5-1 所示为智慧建筑的关键技术。

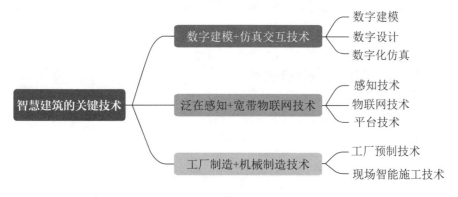

图 5-1　智慧建筑的关键技术

1. 数字建模 + 仿真交互技术

数字建模 + 仿真交互技术主要包括数字设计、数字孪生、数字交互、数字样机、虚拟现实、数字化仿真、三维可视化、参数化建模、轻量化、自动规则检查等，其中数字建模、数字设计和数字化仿真主要被应用于智慧建筑领域。

具体来说，建筑行业可以利用数字建模 + 仿真交互技术对物理世界中的建筑实体的整个生命周期进行仿真，在虚拟环境中构建出基于建筑实体的数字孪生体，并将数字孪生体和相关数据作为物理世界和虚拟世界之间连接的桥梁，实现虚实交互，从而在虚拟空间中对建筑进行智能干预，进一步优化实体建筑的管理和规划，重新定义建筑发展模式，实现建筑产品的革新。

2. 泛在感知+宽带物联网技术

泛在感知+宽带物联网技术主要包括5G、感知技术、物联网技术、无人机技术、监控摄像技术、平台构建技术、激光扫描技术、RFID（Radio Frequency Identification，射频识别）技术等，其中感知技术、物联网技术和平台技术是智能建筑领域中的重要技术基础。

具体来说，智慧建筑可以利用感知技术来采集数据信息，利用物联网来传输数据信息，利用物联网平台来管理信息资源，同时，5G为物联网升级赋能，快速推动物联网由窄带物联网转变为宽带物联网。

3. 工厂制造+机械制造技术

工厂制造+机械制造技术主要包括：

（1）工厂预制技术

工厂预制技术是一种按照模块化、集成化、标准化的思想自动加工构件的技术，能够为智慧建筑提供电气、排水、采暖等所需的各类零部件。具体来说，工厂预制技术体系中包含智能物流控制系统、工厂运行管理系统、产品生命周期管理系统、生产制造与自动化系统、零部件数字化建模与虚拟研发系统等多个子系统。

对建筑工程来说，借助工厂预制可以充分保障工程质量安全和经济效益，通过标准化的生产提高施工精度，减少建筑误差，进而达到提高工程质量和建筑性能的目的，同时也能通过"量体取材"减少材料浪费，进而达到降低生产成本的目的，通过批量化生产提高构件制造效率和施工速度，从而达到缩短建筑周期的目的，除此之外，采用工厂预制还有助于节能减排降耗。

（2）现场智能施工技术

现场智能施工技术是一种以智能施工机器人为主要操作设备，以基于

BIM 的智能建筑系统为平台，以装配式建筑技术和工厂预制技术为主要技术手段的智能化建筑施工技术。

随着建筑工业 4.0 战略的推进，建筑行业既要推动建筑方式向自动化发展，零部件生产向智能化、机械化、工业化发展，也要积极推动行业的智能化升级，构建基于 BIM 的工业智能建筑系统，利用 BIM 技术实现建筑智能化的应用场景。

具体来说，基于 BIM 的智能建筑系统主要包括以下内容：

- 以 BIM 为技术基础的零部件制造、钢筋数控加工、自动化钢筋排布、物料清单（Bill of Material，BOM）自动生成、建筑结构优化设计、建筑性能优化设计和 BIM 建模等建筑施工技术，以及备料、标线、边模、内模、搅拌、运输、振捣、养护、自动浇筑、钢丝网吊装等混凝土浇筑环节的智能化、机械化、自动化。
- 数字化、智能化的施工现场可以利用三维工程设计平台和施工仿真平台进行准确的设计和施工模拟，并运用信息化手段通过物联网采集生产和施工过程中的各项工程信息，在虚拟环境中对这些信息进行数据挖掘分析，从而以分析结果为依据进行工艺趋势预测，并针对智慧建筑的人工、材料、进度、机械、成本、施工方法等进行规划，推动智慧工地管理实现可视化、智能化。

除此之外，基于物联网、传感器监测、大数据分析等技术的项目管理系统还具备设备管理、塔吊管理、粉尘管理、施工现场人员管理、人脸识别、移动考勤、危险预警等多种功能。

"双碳"目标下的智慧建筑实施路径

目前，能源节约与环境保护已经成为社会发展的主旋律。在"双碳"

背景下，在经济快速发展、人民生活水平不断提升的同时，人们对居住环境提出了更高的要求。智慧建筑遵循低碳发展理念，对各种先进技术进行集成应用，可以有效解决我国快速城镇化过程中城市人口集聚所带来的环境污染、资源浪费等问题，有助于打造现代化的城市治理体系，提高城市居民的生活品质，对城市绿色化、低碳化发展产生积极的推动作用。

智慧建筑的建设与发展离不开物联网、人工智能、云计算等新一代信息技术的支持，而这些技术也是驱动"双碳"目标落地的关键。下面我们对以智慧建筑为切入点实现建筑碳中和的策略以及技术创新驱动下的智慧建筑的实施路径进行具体分析，如图 5-2 所示。

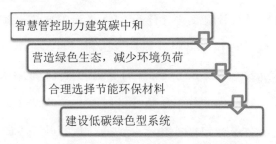

图 5-2 "双碳"目标下的智慧建筑实施路径

1. 智慧管控助力建筑碳中和

以智慧建筑为切入点实现建筑碳中和的策略如下：

①在建筑建设之初要按照系统、区域对用能设施进行规划，安装分类、分项能耗计量仪表与控制器，收集各类设备的能耗数据，并将相关数据通过信息传输网络及时上传。

②安装建筑能耗监测系统，对各类设备的能耗情况进行动态监测与管理，提高能耗管控的精细化程度。

③安装楼宇自动控制系统，对建筑物内的空调、照明、水泵、新风系统等机电设备进行统筹管理，优化设备的运行状态，提高设备的整体利用率，落实应用层的节能策略，充分挖掘设备的节能潜力，降低设备

的整体能耗。

2. 营造绿色生态，减少环境负荷

智慧建筑在建设和使用过程中会充分利用自然环境资源，例如太阳能、风能、雨水等，尽量减少能源消耗及污染物排放，尤其是碳排放，同时可以为居住者创造一个更亲近自然、更健康舒适的生活空间。

普通建筑在建造过程中会使用大量钢筋、水泥等建筑耗材，这些建筑耗材在生产时不仅会消耗大量自然资源，而且会产生大量二氧化碳。例如水泥的加工生产需要燃烧化石燃料，进而产生碳排放，在生产过程中，原材料碳酸盐分解也会产生大量二氧化碳。据中国产业研究院发布的《2021—2025年中国水泥行业全景调研与发展战略研究咨询报告》显示，2009—2020年，我国水泥行业的碳排放量从9.71亿吨增长到了13.75亿吨。

智慧建筑在设计和建设过程中会尽量减少这些建筑耗材的使用，提高绿色环保材料的使用比例，一方面减少碳排放，减轻建筑施工对周边环境的污染；另一方面延长建筑的使用寿命，为居住者创造一个更健康安全的居住环境。

3. 合理选择节能环保材料

很多传统的建筑材料虽然价格低廉，可以降低建造成本，但环保性差，生产过程会造成严重的环境污染，甚至有可能损害人们的身体健康。例如一些施工材料含有甲醛，而甲醛已经被证明是一种致癌物，会严重损害人类的心肺功能。所以智慧建筑在选择建筑材料时不仅要考虑建筑材料的安全性，还要考虑建筑材料的环保性，提高建筑材料的使用率，减少对

环境的污染。

近年来，市面上出现了很多新兴的建筑环保材料，例如超薄玻璃和 Low-E 节能玻璃、玻璃纤维复合材料、液体壁纸、天然无水粉刷石膏、空心砖、混凝土小型切块、加气（蒸压）混凝土砌块、墙体轻钢龙骨等。这些环保材料不仅污染小，而且大部分材料可以回收再利用，可以降低建造成本，减少建筑垃圾。因此，智慧建筑在建造施工过程中要优先选择这些环保材料，实现节能减排、降本增效。

4. 建设低碳绿色型系统

我国幅员辽阔，不同地区的气候条件、资源禀赋存在巨大差异，这也导致各地区的建筑形式存在很大的不同，例如西北地区的窑洞、西双版纳的竹楼等。在这种情况下，智慧建筑想要体现绿色低碳的特点，设计师在设计时要综合考虑当地的地理、人文、气候、资源等要素，既要满足节能减排的要求，又要满足当地居民的居住需求。

例如，我国东北地区冬季气温非常低，设计师在设计建筑时必须考虑这一气候特点，在整体的能源消耗中提高取暖资源的占比，使用绿色能源代替传统的化石能源，既要降低取暖系统的碳排放，又要达到取暖标准，满足居民的取暖需求。

总而言之，在"双碳"背景下，各行各业都在向着低碳化、绿色化的方向转型发展，建筑行业也不例外。由于建筑低碳化、绿色化涉及的领域比较广、技术比较多、学科跨度比较大，所以未来可能形成"智慧+低碳"的综合解决方案。在此形势下，我国建筑行业必须改变发展思路，利用人工智能、大数据、云计算等新一代信息技术，实现建筑智慧化与低碳化融合发展。

基于绿色环保理念的建筑智能化设计

智能化建筑设计就是以建筑物为平台、以可持续发展为设计原则，集成信息设备系统、公共安全系统、信息化应用系统、建筑内部管理系统等众多智能化系统，并综合运用人工智能、信息通信等多种先进技术进行建筑设计。智能化建筑设计具有智能化程度高、复杂性高、灵活性高等特点，不仅能确保智能建筑的质量良好，还能合理配置资源，提高资源的利用率，实现节能环保。

我国智慧建筑设计具有发展速度快和建设规模大的优势，但同时也存在系统稳定性差、智能化水平低、功能实现率低、建筑施工质量不高等问题。

智慧建筑是建筑业发展的重要方向，也是智慧城市建设的关键组成部分，因此，建筑行业应提高智慧建筑设计水平，探索智慧建筑设计与智慧城市设计之间的联系，充分利用各种智能化技术和应用对智慧建筑设计进行升级，从而推动智慧建筑实现高质量发展，进而为智慧城市建设提供重要支撑。

1. 智慧建筑的设计原则

从总体来看，智慧建筑的设计需要遵循一些基本原则，如图 5-3 所示。

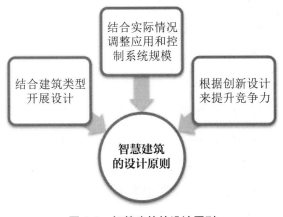

图 5-3　智慧建筑的设计原则

（1）结合建筑类型开展设计

一般来说，建筑类型主要有三类，分别是工业建筑、民用建筑和农业建筑。

- **工业建筑**：主要包括生产车间、仓储建筑、动力用房等。
- **民用建筑**：主要包括住宅建筑、医疗建筑、教育建筑、文化建筑、金融建筑、体育建筑、商场建筑、旅馆建筑、博物馆建筑等。
- **农业建筑**：主要包括温室、粮食加工站、农机修理站等。

在建筑设计方面，工业建筑设计和民用建筑设计均可应用于智慧建筑设计中。

智慧建筑设计的预备性工作主要包括以下两项，一方面，智慧建筑设计应明确建筑类型；另一方面，智慧建筑设计还应根据《智慧建筑设计标准》（GB 50314—2015）确定建筑系统配置，具体来说，智慧建筑系统主要包括信息设施系统、公共安全系统、机房工程系统、智能化集成系统、信息化应用系统、建筑设备管理系统等智能化系统。

（2）结合实际情况调整应用和控制系统规模

我国的《智慧建筑设计标准》中有针对各类智慧建筑的智能化系统配置表，该表将智能化建筑系统分成了可配置、宜配置和应配置三类。智慧建筑设计师可以根据客户需求、资金限制和企业经营等具体情况来确定系统配置，并按需调整各项点数。

（3）根据创新设计来提升竞争力

智慧建筑设计应通过创新设计来优化智慧建筑的各项性能，让智慧建筑能够充分满足客户在便捷性、高效性、安全性、可持续性等方面的需求。随着信息技术和智能技术的进步，人们对建筑的信息化水平、智能化程度和创新性设计的要求越来越高，因此，智慧建筑设计也应紧跟技术发展的脚步，以人们对智慧建筑的要求为中心不断进行创新设计，进而达到增强市场竞争力的目的。

2. 智慧建筑的设计路径

智慧建筑的设计应该主要包括以下几方面，如图5-4所示。

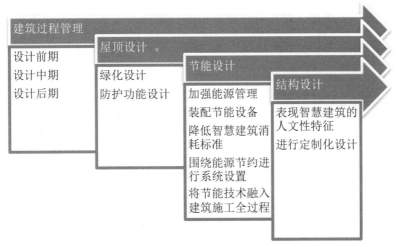

图 5-4　智慧建筑的设计路径

（1）建筑过程管理

在智能建造背景下，建筑行业应积极探索提高智慧建筑设计水平的手段和有效管理智慧建筑设计过程的方法。

- **设计前期**：智慧建筑设计师应以设计规范和设计原则为准则，以提升智慧建筑的安全性、适用性和保障建筑物的质量为目标展开设计工作。
- **设计中期**：智慧建筑设计师应围绕建筑物内部的温湿度、光照情况、空气质量、噪声水平等确立智慧建筑设计管理目标，以便为用户打造出安全、舒适、健康、人性化的建筑环境。
- **设计后期**：智慧建筑设计师应加强智慧建筑的功能设计，并对各个系统的各项功能进行检查，进一步确保智慧建筑在功能上的全面性和稳定性。

（2）屋顶设计

建筑物的屋顶是建筑物中与自然环境接触最多的组成部分，也是建筑物中负责承重和围护的重要构件。因此，智慧建筑设计中的屋顶结构设计应兼具环保、美观、防护等多项功能。一方面，屋顶绿化既能美化环境、增加城市绿地面积，也能净化空气、保护环境，而屋顶风能设备和屋顶太阳能设备的应用能够提高风能和太阳能的利用率，减少能源浪费和污染物排放，进而达到保护环境的目的；另一方面，智慧建筑中的防护功能能够对各种自然灾害起到防范作用，屋顶的防护设备能够有效解决电缆基座在防水、防震和防风方面的问题，进而达到提高智慧建筑的安全性的目的。

（3）节能设计

智慧建筑设计能够通过综合运用多种智能化技术大幅提高资源的利用率和利用效率，并强化智慧建筑的节能功能。智慧建筑实现节能功能的前提是智慧建筑设计师以节能、降耗、减排、环保为中心对智慧建筑建设的所有环节进行全方位的节能设计，比如加强能源管理、装配节能设备、降低智慧建筑消耗标准、围绕能源节约进行系统设置和将节能技术融入建筑施工的全过程等。

（4）结构设计

随着智能化时代的到来，人们对建筑物不仅要求美观和安全，还要求在结构设计上具有人文性与个性化的特点。比如，智慧建筑设计师在设计建筑物的地面结构时可以通过架空设计来表现智慧建筑的人文性特征，同时还可以根据客户的要求对建筑进行定制化设计，从而满足客户对于个性化的要求。

在设计风格方面，智慧建筑设计师可以为偏爱中式风格的客户选择具有中国建筑风格的地板，为偏爱地中海风格的客户选择用赤陶、石板或浅色瓷砖来铺设地面；在样板房设计方面，智慧建筑设计师应综合考虑房屋整体效果、设计主题和工艺成熟度,并不断提升自身的设计能力,全力打造令客户满意的智慧建筑设计作品,最大限度地优化客户的看房体验和购房体验,进而为智慧建筑的推广提供助力。

总而言之,创新是智慧建筑持续快速发展的重要驱动力。随着智能化时代的到来,智慧建筑设计的创新升级逐渐成为推动建筑业发展的重要环节,也成为智慧城市建设过程中不可或缺的一部分,因此,智慧建筑的设计师应在充分掌握智慧建筑设计原则和设计标准的基础上,继续学习相关知识和技术,并对智慧建筑设计与智慧城市设计进行对比分析,加强对智能化环境中的建筑设计的研究,进而实现系统性、规范性、标准化的智慧建筑设计,提高建筑物的智能化程度,并为建筑节能提供支撑。

第 6 章
智慧楼宇：物联网驱动楼宇智能化

万物互联时代的智慧楼宇

楼宇是现代化城市的重要组成部分，也是人类赖以生存的建筑基础设施。现代人在楼宇内学习、工作和生活的时间占据了相当大的比重，因此智能建筑行业应建造可持续发展的楼宇建筑设施，为人们打造安全舒适且低耗智能的生活空间。

国内外现在已有将物联网成功运用到智慧楼宇中的案例，比如将物联网传感器安装到门、窗或墙体上感知图像、声音、压力、振动、温度、红外线等，再借助计算机系统对这些信息进行综合处理分析，对进入建筑的人或动物进行判断。此外，在建筑中安装各种有协同作用的传感装置还能有效防止人员的翻越、袭击等入侵行为。

同时，随着信息通信技术以及计算技术不断发展，消防自动报警与控制、智能安防、智能电梯、智能供配电、智能供水、智能卡门禁、智能能耗监测等系统在智慧楼宇中实现了广泛应用，共同构成了楼宇自动化系统，可以与物业管理系统、办公自动化系统等控制系统相融合，提高物业管理效率以及小区内各项公用设备的使用率与节能率，保证小区内所有设备均处于最佳运行状态，为居民创造一个安全、舒适、健康、便捷的生活环境。

事实上，智能建筑相关技术在整个发展过程中都贯穿了"物联"理念，二者相互影响。一方面，物联网技术的应用促进了智能建筑相关技术的发展；另一方面，智能建筑相关技术的发展也丰富了物联网的技术和理念。具体而言，基于物联网技术的智慧楼宇呈现出以下几个方面的特征，如图 6-1 所示。

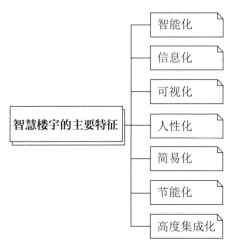

图 6-1　智慧楼宇的主要特征

1. 智能化

智慧楼宇中的许多物品中都安装了智能芯片，这些安装了智能芯片的物品不再是被动静止结构，而升级为了具有感知功能的智能工具。以传感器为例，普通的传感器只能接收和简单变换信息，但具有智能芯片的传感器，能完成更为复杂的信息计算处理和一些自主动作。

2. 信息化

基于物联网构建的智慧楼宇中有运用了云计算技术的楼宇自控系统，能对整个楼宇进行统一管理和控制，并且还具有开放性的特点，能无限扩展和连通,让物联网的连接不受地点的限制,实现了全方位的信息交互,确保了楼宇内外部信息的流通,而传统的楼宇智能化系统具有封闭性,无法实现这一功能。

3. 可视化

组合消防探头、智能水电气表、各类门禁传感器、红外辐射传感器、行业认知的摄像头以及楼控系统中的全部传感器等各种网络传感器形成智慧化的传感网络,并利用各种可视化的数据展现形式将原本不可见的状态直接清楚地表现出来,能够便于用户以及管理人员了解楼宇内的状态。

4. 人性化

智慧楼宇围绕用户打造各种人性化的场景,让用户能自主控制楼宇内的生活和工作环境,比如:

- 提供稳定的网络,满足用户生活、工作以及娱乐等方面的需求。
- 在家电的智能控制方面,利用语音识别技术远程控制智能家电实现交互式智能控制,借助温度、声音、动作等各类主动式传感器让智能家居实现主动性动作响应。
- 楼宇中央控制系统所拥有的自主学习能力能够让智慧楼宇根据用户的日常操作自动调节环境以满足用户需求。
- 能借助服务器自动下载制造商服务网站中的驱动程序和诊断程序并进行更新,具有故障自诊断、新功能自动扩展等智能化功能。

5. 简易化

由于物联网所采用的技术已经十分成熟并获得极为广泛的应用,因此对于接入物联网的产品而言,只要其遵循一定的设计标准就能够顺畅接入网络、实现互联互通。在物联网中，由于可以接入各种软硬件应用，为用户提供不同的服务，因此在物联网覆盖的建筑中，用户的生活极为便利，所需的工程建设也更加简易。

6. 节能化

楼宇中的设备数会随着建筑等级的升高逐渐增多，当各个设备之间互联互通时，能源互联网能将能源消耗、碳排放指标和生活需求转化为可利用云计算、云存储等技术收集、整理、挖掘的数据，并采用大数据分析的方式对电、水、油、气等各种能源的用途和用能区域分时分项计算，预估能耗情况。

这样做不但能有效掌握各类能源的使用情况和需求量，及时规划能源去向，还能通过分析同类型建筑的能源消耗情况高效管理能源，有助于各类型建筑节能标准的确定以及智能化和节能效果的提高。

7. 高度集成化

物联网是信息产业在互联网的基础上继续发展的结果。智能建筑中的安防、照明、暖通、通信网络等子系统可以借助物联网整合到同一平台上集中管理监控，实现数据的互联互通。各系统集成的关键一方面是系统集成商提供标准协议接口，开放集成其他应用；另一方面是要开发并持续优化统一的集成平台，提供细致全面的整合解决方案。

建筑业极高的能耗、复杂的管理要求和超大的规模决定了互联网思维可以在其中发挥的重要作用。大数据、物联网、云计算、人工智能等技术的不断进步必将为智慧楼宇的创新发展提供广阔的机遇。

智慧楼宇的绿色节能管理系统

智慧楼宇利用建筑技术、计算机技术、网络通信技术和自动控制技术等多种技术手段，对楼宇内的机电设备、能源系统、自动化系统和智能照明系统等进行监测、控制和管理，并将各项设备和各个系统调整至最佳状态，让建筑能够最大限度地节约能源。

融合物联网等新兴技术的智慧楼宇能够集中整合楼宇中的通信、门禁、安防等各个子系统，提高能源管理水平，减少照明系统、暖通系统等高能耗系统中的各项设备的能源使用量，并根据实际能源需求推动节能降耗，在为楼宇管理人员的工作提供便捷的同时优化用户体验，强化建筑物的运维管理，进而将建筑物升级为可持续发展的低能耗建筑。

1. 互联互通：数字技术驱动节能降耗

与传统的建筑物相比，智慧楼宇能够借助物联网技术对楼宇内各个区域的灯光、温度和空气等进行自动调控，因此智慧楼宇有着更加柔和的灯光、更加舒适的温度和更加畅通的空气。以会议室灯光调控为例，智慧楼宇具有与物联网相连的智能照明系统，能够按照会议进程自动调控灯光的亮度，当会议中开始放映幻灯片时，智能照明系统会自动将灯光调暗。

具体来说，智慧楼宇中的基础设施平台与楼宇中所有的设备相连，能够及时根据实际需求对设备进行高效调控，进而节约能源和人力。以基础设施平台中空调等设备的调控为例，基础设施平台能够根据门禁系统中的进出信息判断楼宇内是否有人，在有人进入时自动开启空调等设备，并在所有人员离开时自动关闭。

为了全方位采集楼宇内的光照和温湿度信息，以及 CO_2、PM2.5、甲醛等气体的浓度等数据，提高楼宇的自感知能力，需要在智慧楼宇中装配光照传感器、温湿度传感器和空气质量传感器等多种传感器，并将这些传感器接入智慧楼宇的物联网中。

随着建筑等级不断升高,楼宇中的设备数量也越来越多,物联网技术与智慧楼宇的融合促进了楼宇中各项设备的互联互通,各个系统可以利用云计算、云存储、大数据分析等技术手段全面采集并分析这些设备的运行数据,掌握各项设备以及整个楼宇的能源消耗情况,从而提高建筑的智能化程度,实现建筑的节能降耗。

2. 能源互联网:让能源管理更"主动"

(1)能耗管理精确化、全面化

能源互联网能够将智慧楼宇中的各项设备采集到的能源消耗情况、碳排放情况等信息和生活需求信息转换为数据用于提高能耗管理的全面性和精准度。不仅如此,融合了能源互联网的智慧楼宇的管理系统还能分别计算各个时间段内的水、电、气、油等能源的具体用能情况,并根据具体的用能情况来预测能耗,以便管理者及时掌握用能信息和能源需求,对各类能源进行科学合理的调配。

(2)新能源的使用和管理

风能、水能、太阳能、地热能等可再生能源是未来能源互联网的主要能源单元,因此智慧楼宇能效管理系统也应将这些新能源纳入能源管理监测体系中,以便智慧楼宇的管理人员能够利用能源互联网合理调度并充分利用这些新能源。

3. 数据智能:为用户提供精准服务

楼宇大数据分析是实现楼宇云服务的基础。一方面,智慧楼宇可以通过互联网自动采集和分析物业数据,精准掌握物业人员在照明、暖通、通信等方面的要求,从而对各个子系统进行自动配置;另一方面,与传统的楼宇企业相比,当前的智慧楼宇企业更加重视客户作息情况、客户消费行为等客户数据,能够通过采集和分析各项数据掌握用户偏好,进而提高服务质量,优化服务体验。

与其他行业相比,建筑行业具有体量大、链条长、环节多、能耗大、排放高、管理难等特点,因此建筑行业更加需要融合大数据、物联网、云计算、人工智能等新兴技术,并利用各种技术手段推动行业创新发展。

"物联网+智慧楼宇"的落地路径

作为智慧城市建设中不可或缺的一部分,智慧楼宇凭借其高节能、低运营成本、高安全性能等优势为打造更高效、更宜居的智慧城市增添了动力。物联网概念下,各行各业正在进行产业转型与升级,而智慧楼宇建设也势必要跟随时代发展进行优化和升级。物联网技术与智慧楼宇的有效结合,将充分发挥建筑中各种公共资源的聚合力,实现公共资源的整合与共享,为推动智慧城市高质量发展贡献重要力量。

物联网技术在智慧楼宇领域的应用场景主要包括以下几个方面,如图 6-2 所示。

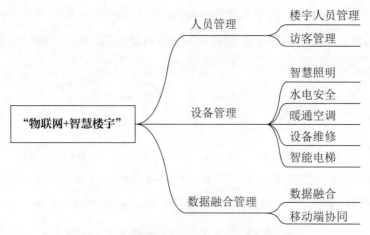

图 6-2 物联网技术在智慧楼宇领域的应用场景

1. 人员管理

（1）楼宇人员管理

充分利用人流量统计、智能考勤等技术与闸机、人脸门禁、摄像头等设备，对楼宇人员实施多方面管理，具体如表 6-1 所示。

表 6-1 楼宇人员管理应用场景

应用场景	具体体现
人脸门禁	为提高楼宇的安全性，减少人工管理的疏漏，人员进出楼宇时需要进行人脸识别
智能考勤	为更好地掌握楼宇内企业员工的出勤动态，利用智能考勤机自动记录员工的出勤情况，进行上下班人脸识别打卡
移动轨迹	楼宇内人员的活动轨迹与记录可通过人脸比对识别的方式在闸机门禁、摄像头等智能设备中实时查询
人流量统计	为实时监控楼宇人员的动态，提升楼宇管理的效率，物联网技术下的人流量统计功能可以对楼宇的人流量进行自动统计与管理
视频监控	实时监控楼宇内人员的行动轨迹和异常情况，对楼宇出入口、公共区域或楼层、重点区域等进行全天候在线监控

（2）访客管理

在诸如 App、小程序、现场智能设备等多个终端设备联合协作的运行下，访客管理更加高效、便捷，能够带给访客良好的智能体验。电梯、门禁与通道间的高效协同，可以减少访客等待时间，增强工作人员的管理效率，更好地为访客提供预约、登记、通行等服务。

2. 设备管理

（1）智慧照明

智慧照明具备远程照明控制、远程监测与管理、故障主动报警、自动调节亮度等功能。在检测到人脸时，终端设备将进行远程照明控制，能够大幅度减少楼宇电力资源。同时，也可以对楼宇中的照明情况进行远程集中监测与管理，一旦照明出现故障，终端设备将自动报警，从而有效提高楼宇管理水平，增强楼宇安全力度。

（2）水电安全

实时监测和管理楼宇的整体水电安全情况，基于大数据进行数据分析，一旦监测到设备故障、水电短路等问题，终端设备将自动发出报警信号，便于楼宇管理人员及时确定位置，以快速处理异常情况。

（3）暖通空调

作为一种集采暖、通风和空气调节功能于一体的终端设备，暖通空调凭借自身技术特性在设备高效检修、故障精准定位等方面发挥着重要的作用。另外在监控设备的帮助下，暖通空调能够对楼宇区域中人员的去留情况进行自动识别，进而自动停启区域设备。

（4）设备维修

楼宇内设备的巡检由 AI 图像识别与处理技术完成，便于维修人员及时对设备进行检查、维修，能够有效增强巡检效率，提高设备维修效率，减少设备故障率。

（5）智能电梯

基于物联网技术的智能电梯具备人脸检测、行为识别、声光告警等功能，可以对楼宇电梯、扶梯的运载情况、运行状态、电梯生命周期等进行全天候实时在线监控，一旦出现异常情况，智能电梯会立即发出报警信息，并传送给电梯管理人员，便于及时检查和解决，确保智能电梯正常运行。基于 IoT 的智能电梯应用场景主要体现在以下几个方面，如表 6-2 所示。

表 6-2 基于 IoT 的智能电梯应用场景

应用场景	具体体现
人脸检测	智能摄像头具备人脸比对与识别、多人脸检测与抓拍等功能，可以实时监测电梯中的人脸
行为识别	智能电梯对电梯内人员的危险行为或动作进行实时检测，并及时向终端平台传递报警信息，便于工作人员及时应对和提供救援

续表

应用场景	具体体现
声光告警	智能电梯也具备声光报警、语音提醒功能,当检测到电梯内有人被困时,可以立即发出告警信号,并支持语音喊话,为管理人员及时解救被困人员提供极大帮助

3. 数据融合管理

(1) 数据融合

互联网技术下的楼宇终端设备平台集设备管理、视频监控、消防、物业等多业务功能为一体,利用各种智能化、数字化技术手段,实现大数据的集成与共享,为楼宇人员提供可视化数据展现分析服务。

- **数据可视化**:为更好掌控楼宇整体的运行状况,实现楼宇智能化管理,需要对楼宇各个设备和系统的监测数据进行集中采集与管理,并借助可视化分析手段,对楼宇的人员、安防、设备设施、环境监测等方面有一个全方位把控。

- **多维度统计**:自动汇集楼宇管理工作中的所有数据信息,通过多维度统计分析,助力楼宇运营、管理、决策等工作的一体化高效运转,为楼宇的安全运营提供强大的数据支撑。

- **高度集成**:可以实现暖通、照明、环境、安防、消防等楼宇子系统在同一终端平台上的高度集成和统一管理,通过整合、共享平台中的各数据资源,为楼宇实现多场景下的高效运作和精细化管理提供帮助。

- **电子地图综合监控**:为全面了解楼宇人员的巡检情况、车辆的追踪轨迹和设备的感知位置,可充分利用GIS(Geographic Information System,地理信息系统)、AI等技术手段,对人员、车辆、设备、数据和楼宇安防子系统进行优化管理与监测。

(2) 移动端协同

为满足不同场景服务需求，可以基于智能手机等移动端设备，通过微信小程序的方式提供物业管理、视频监控、出入等各种服务。楼宇管理人员则在移动端和管理端设备的支持下对各种服务进行统一可视化管理，为楼宇人员提供更加智能、便捷和舒适的服务。

基于 BIM+GIS 技术的智慧楼宇

机器设备监管不集中、管理效率不高、智能安防工作能力低下等诸多问题长期困扰着传统楼宇园区，难以实现智能化发展。而 BIM+GIS 技术的引入，可以有效解决这些痛点。作为一种室内外三维可视化管控平台，BIM+GIS 技术下的智慧楼宇联动多种技术与功能，凭借自身技术优势对楼宇各方面实施全方位、多层次、全生命周期管理，并通过构建室内外三维可视化场景，致力于打造属于建筑业的数字孪生。

为不断提升楼宇的运营能力和服务水平，着力打造一个安全、智能、舒适的建筑生态，智慧楼宇建筑需要充分融合并利用多种物联网综合管控技术，不断整合、监测和分析楼宇各个关键环节的资源，灵活感应、科学响应各种需求，不断提升楼宇的综合效能。智慧楼宇三维可视化管控平台涉及环境模拟管理、楼宇自控管理、视频管理、消防管理、停车管理等多个应用场景。

1. 环境模拟管理

智慧楼宇三维可视化管控平台中的环境模拟管理场景是指对园区的天气、季节等各要素进行模拟和自由切换。

2. 楼宇自控管理

楼宇自控管理能够有效解决智能建筑内部错综复杂的电气设备难管理的难题，这主要得益于基于楼宇自控系统的三维可视化管理平台对电气设备实施的可视化管理，可以有效提高管理效率，优化资源配置，使得电气设备实现平稳运转。

3. 视频管理

视频联动楼宇园区中的监控数据，能够将联动后的监控数据接入三维可视化管控平台，而三维可视化管控平台可以实时监测园区的整体运行动态。将园区内监控实际点位在三维场景中的对应位置标注出来，用户通过点击监控设备图标便可查看对应监控设备的实时画面。

4. 消防管理

三维可视化管控平台汇聚园区内各类消防设备信息，具有报警处理功能，并以三维场景的方式实时展示园区所有消防报警的点位信息，一旦发生火情，平台将立即与此区域中的摄像机联动，弹出火警位置和报警信息，便于消防人员或工作人员及时查看报警点的动态图像。

另外，三维可视化管控平台还可以与报警系统、智慧安防系统、信息发布系统等多个系统互联互通，有助于统一调度指挥，制定出最佳的解决方案和措施，实现精准、高效的楼宇应急处理。

5. 停车管理

在 BIM+GIS 可视化技术的作用下，楼宇园区的通行管理和停车管理更加智能化，更容易实现联动。三维可视化管控平台能够对园区通行和停车数据进行优化整合，对相关设备进行分析和管理，进而与停车场道闸系统进行数据交换，便于实时查询停车场中的车位和车辆信息。

总而言之，基于 BIM+GIS 技术的智慧楼宇三维可视化管控平台在互联网技术的支撑下实现了与各个设备、系统的联动控制和协同处置，通过整合、共享楼宇中的各个信息资源和数据，形成了一个多功能、智能化、可视化的综合联控平台，其全新的管理与运营模式能够满足楼宇租户和商家的智能化场景体验，便于营造绿色、安全、舒适、智能的智慧楼宇环境，是智慧城市建设过程中至关重要的一环。

第 7 章

智慧地铁：赋能城市轨道交通建设

开启城市轨道交通智能化建设

近年来，新一代信息技术快速发展，并在交通运输领域实现了广泛应用，城市轨道交通也迎来了新的发展机遇。我国城市轨道交通建设虽起步较晚，但建设力度较大，规模也在快速增长，在新一代信息技术的加持下，我国城市轨道交通逐渐呈现出网络化、规模化的发展趋势。

为全面实现碳中和战略，我国交通领域正加强数字化技术的运用，持续开展交通数字化、智慧化、低碳化转型。城市轨道交通作为交通运输领域的重要组成部分，一方面要利用新一代信息技术推动自身运营模式和业态的创新，实现自身的智慧化运营；另一方面要从产业角度出发，不断延伸城市轨道交通产业链，将自身发展与城市相关产业和站点周边产业相结合，实现产业联动发展。

随着社会生活水平的不断提升，人们的出行需求持续增长，对出行效率、舒适度、安全性的要求也越来越高，在这一背景下，城市轨道交通运用现代化技术实现智慧化运营已成为必然趋势。以物联网、大数据、人工智能等技术为代表的新一代信息技术为城市轨道交通赋能，可以显著提升轨道运行效率和安全程度，同时可以为乘客提供智能化、个性化的服务体验，从而很好地满足人们对现代化出行的要求。

因此，城市政府要出台相关激励和扶持政策，同时加大资金投入，为城市轨道交通智慧化建设创造良好的政策环境。此外，城市交通运输部门要根据政策法规，结合城市交通发展现状以及人们的出行需求，将现代化通信技术与交通运营各个领域进行有机融合，构建基于5G和新一代信息技术的全新城市轨道交通网络，同时要注重技术创新，优化设备装备性能，打造一套高效舒适、绿色安全的城市轨道交通体系，全面提升人们的出行和运输体验，为实现智慧交通乃至智慧城市落地做出贡献。

具体来看，智慧化城市轨道交通建设应当从以下几方面入手，如图7-1所示。

图7-1 智慧化城市轨道交通建设

（1）基础设施网络方面

城市轨道交通运输部门一方面要结合本城市的人口体量和综合交通需求来优化城市轨道交通网络的规模，使两者能够精准适配；另一方面要根据城市交通发展趋势制定合理的交通制式，同时结合现代化技术和交通领域的专用技术来制定合适的技术标准。

此外，还要打通轨道交通与地面公交以及全城市交通的连接，同时注重城市轨道交通领域的"四网融合"，实现城市轨道交通、城市、产业融合发展的局面，最终打造规模适度、标准适合、一体融合的全新城市轨道交通网络。

（2）装备设备方面

城市轨道交通部门要加强与技术研究机构的合作，同时大力引进技术人才，自主研发城市轨道交通的关键技术，以保证整个产业链自主可控，同时提升国有资产产业的市场占有率和市场竞争力。此外，城市轨道交通部门在部署装备设备时，应当注重装备设备与自身发展情况和人们实际出行需求的适配度，而不能简单地追求高端，以实现装备设备效益最大化。

（3）维护运营方面

城市轨道交通部门要借助物联网、人工智能等技术实时监测轨道设备设施的状态，并定期进行维护保养，以保障设备设施的安全、高效运营。此外，要加强低碳技术和非化石能源的融合运用，最大限度地减少轨道交通的碳排放，最终打造安全高效、绿色环保的城市轨道交通发展模式。

（4）运输服务方面

城市轨道交通部门要提升各系统模块的运营效率，为乘客提供便捷高效的乘车服务，具体包括安检、售票、检票、换乘等环节，同时加强与其他公共交通部门的协作，提升城市轨道交通与其他公共交通的换乘效率。此外，城市轨道交通部门需要在车厢内部部署智能传感器，通过分析智能传感器采集到的车厢内的各项数据来调节车厢环境，以达到最适宜的温度、湿度和乘客人数，并根据乘客的多样化需求提供智能化、多样化、个性化服务。

（5）业态创新方面

城市轨道交通作为转运中心，人口流量非常庞大，城市轨道交通部门要充分发挥这一优势，积极运用现代化通信技术来发展基于城市轨道交通生态环境的流量经济、枢纽经济、数字经济，并在此基础上拓展并发展新兴产业。

实现路径：智慧地铁的技术应用

进入智能化时代以来，我国建设智慧城市的战略目标越来越清晰，城市轨道交通作为智慧城市的重要组成部分，其智慧化建设也逐渐成为城市交通部门的一项重要任务。城市轨道交通的智慧化建设离不开物联网、大数据、人工智能等新一代信息技术的支持，城市轨道交通部门要利用这些技术为运营、维护、管理、服务等各环节赋能，变革运营和管理模式，优化设备装备性能，提升服务水平，降低运营过程中的碳排放，这不仅有利于城市交通乃至整个城市的绿色高效发展，而且对国民经济的绿色、高质量、持续发展具有重要意义。

地铁是城市轨道交通中最常见的一种交通系统，其运量庞大，且运营依靠电力牵引，是一种高效、低碳的交通方式，因此，推动地铁的智慧化建设是实现城市轨道交通智慧化建设的重点内容。

智慧地铁的建设应当始终围绕提升乘客的出行服务体验而进行，需要加强现代化通信技术和智能化设备的应用，实现运营系统的实时感知，注重系统的健康维护，同时要创建自主学习模型，提升自动运行的能力和水平，最终实现业务智能化的闭环管理，如图 7-2 所示。基于新一代信息技术的智慧地铁一方面可以为乘客提供最优出行计划、交互式信息查询、智

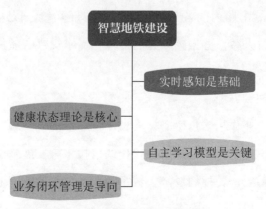

图 7-2 智慧地铁建设的实现路径

能票务服务等多种便捷的功能，大幅提升乘客的出行体验；另一方面可以为地铁系统提供实时客流量预警、智能行车调度、故障维修等功能，全面提升地铁系统的运营和管理效率。

1. 实时感知是基础

根据其他领域智慧化建设的经验，海量数据和先进的技术是智慧化建设必不可少的基础，因此，智慧地铁的建设也需要部署多种类型的智能传感器，以实现人、设备等要素状态的实时感知，并全面收集相关数据，为智慧地铁建设打下坚实的基础。

然而地铁运营相关信息具备规模庞大、种类复杂、多源异构等特点，这主要有三个方面的原因：

- 其一，地铁运营的相关设施设备种类繁多、运营环境较为复杂。其中，运营设施包括车站、隧道、高架等，运营设备既包括自身领域的接触网列车、变电所、车站风水电、自动扶梯等，还包括通信领域的海量信息化设备，这些设备设施在运行过程中会产生大量的运营数据。
- 其二，各类设备的工作原理、运行状态差异较大，产生的数据类型、格式等复杂多样，并且数据采集的周期和尺度也各不相同。
- 其三，随着地铁运营环境和系统的不断升级优化，感知场景也逐渐复杂。因此，总体来看，数据采集工作较为艰难。

物联网技术为海量复杂信息的采集提供了有效的解决方案，地铁系统可以借助物联网、视觉感知、语音感知等技术，根据各类场景的识别和采样需求，研发智能感知设备，并部署互联互通的传感网络，使得各个感知设备之间、感知设备与控制中心之间能够实现实时互联，打造数据收集、传输、融合、运用的一体化数据平台，从而实现对设施设备状态、环境信息、乘客以及地铁运行状态的动态感知。

2. 健康状态理论是核心

健康状态理论是指通过对目标对象的各类状态数据进行采集和分析，从不同维度来制定相应的健康指标，并将采集的数据与之进行比对，以评估并优化目标对象健康状态的一种理论。健康状态理论是地铁正常、安全运转的保障，建设智慧地铁应当将健康状态理论作为核心引擎。

智慧地铁健康状态主要包括设施设备运行健康状态、行车组织状态、区间结构状态、客流分布状态等内容。地铁系统要积极运用大数据、物联网、云计算、边缘计算、深度学习等技术，结合设施设备的工作原理，创建智能化的设备健康指数模型，同时借助智能传感器对上述健康状态数据进行全面、精准的收集和感知，依托健康指数模型，结合特定的算法对采集的数据加以计算和分析，以掌握地铁设施设备的健康状态，从而便于采取科学的措施进行设施设备的维护和管理。

基于现代化科技的智慧地铁健康状态模型应当具备故障预测、原因分析、事态推演的能力。智慧地铁设置健康状态模型，一方面可以通过数据采集和分析来实现设备健康状态的精细化、定量化评估，帮助管理人员实时、准确地掌握设备的健康状态；另一方面还可以根据设施设备的运行情况与运转机理自主制定科学的维护和保养决策，从而全面保障设施设备的正常运转。

3. 自主学习模型是关键

自主学习模型是一种基于人工智能、物联网、大数据、云计算、边缘计算等新兴技术，综合所有知识库和数据库的智能系统，能够基于原有的知识理论、根据新增数据自主补充和更新相应的变化。自主学习模型对地铁系统的智慧化建设非常重要，可以说是关键所在。

在智慧地铁领域，自主学习模型可以应用于智慧运维，该模型基于既有的故障维修案例和设备健康状态的动态数据，借助机器学习、深度学习技术对历史数据和实时数据进行迭代学习计算，开展故障诊断和原因分析，并据此自主形成新知识，进而不断扩大自身的知识库，提升系统的自动诊断能力。

例如，在对转辙机进行运营维护时，自主学习模型可以将转辙机工作的海量电流曲线进行整合分类，并根据实时变化的数据进行自主演进，再根据演进结果自动扩展新的故障模式，最终提升智慧地铁系统故障的自动诊断能力和效率。

因此，建设智慧地铁要着重构建自主学习模型，自主学习模型不仅能够提升设施设备的故障诊断效率，更重要的是能够为广大乘客提供更加安全、舒适的乘车环境，大幅提升乘客的出行体验，对社会稳定、经济发展都具有重要意义。当然，除故障诊断领域外，也可以将自主学习模型延伸至其他领域，如自动驾驶、隧道监测、车厢环境维持等，从而全面提升地铁的智慧化水平。

4. 业务闭环管理是导向

在实现地铁状态实时感知、设施设备健康状态智能评估、自主学习模型深入应用的基础上，推进业务闭环管理才能真正实现地铁的智慧化建设。

业务闭环管理是指借助新一代信息技术对传统单一线型业务模式进行变革，根据业务流程的特点进行串联，打造一个循环单元闭环，同时利用新一代信息技术为该闭环赋能，使其能够对业务进行自主识别和精准评估，以实现高效的业务管理，最终实现地铁系统的高效、安全、稳定运行。因此，建设智慧地铁应当始终以业务闭环管理为导向。

在智慧地铁系统的设施设备运维方面，业务闭环管理主要指的是：

- 首先，智能感知系统可以对设施设备的各类状态数据进行实时收集和感知。
- 其次，健康状态系统和自主学习模型基于海量数据对设施设备的健康状态进行分析评估，并精准地预测和定位可能出现的故障，同时将故障信息自动传输给维修人员进行维修。
- 最后，维修人员再将维修结果反馈给智能健康状态系统，智能健康状态系统根据需求触发智能感知系统的数据采集工作，并结合维修结果和实时状态数据确认设施设备的故障隐患是否已被排除。

这就是一个完整的设施设备管理闭环，不难看出，业务闭环管理能够使得人员行为和作业结果均处于可控状态，能够大幅提升业务管理效率和质量，对智慧地铁的安全、高效运营具有重要意义。目前，上海的智慧车站已经在智慧电扶梯方面开始推行业务闭环管理，并有效提升了电扶梯运行的安全性。

基于北斗技术的智慧地铁运营

随着城市的地铁线路不断增多，地铁运营里程不断增长，地铁运营亟须降本增效、节能减排，实现网络化、智慧化运营，为交通领域的可持续发展奠定良好的基础。在人工智能、大数据、云计算等新一代信息技术的支持下，智慧地铁的概念应运而生。

从本质上看，交通就是位移，就是利用各种运输工具将人员、物资等从一个地方运送到另一个地方。智慧地铁就是在满足这种位移需求的前提下，利用人工智能、物联网、大数据、机器人等先进技术，实现自主感知、自主学习、自主决策和自主控制等功能，对相关设备进行优化管控，在保证位移安全的前提下，尽可能地降低位移成本、扩大位移范围，满足乘客个性化的位移需求，打造一个安全、舒适、高效的新一代地铁系统。

智慧地铁系统想要实现自主运行与精准化管理，离不开准确的时空信息的支持。因此，我国智慧地铁建设可以和我国自主研发的全球卫星导航系统——北斗系统相融合，借助北斗系统实时感知客流信息，在此基础上做好列车调度、基础设施维修与养护、站内站外安全管理、为乘客提供更优质的服务等工作，提高地铁运行效率与效益，提升地铁管理的精细化水平，为智慧地铁系统的构建提供强有力的支持。

1. 运行调度

在北斗技术的支持下，行车调度员可以获得精准度比较高的客流信息、运行的列车数量、到站列车、各车次列车位置等信息，对列车进行网络化调度，实现方式如下。

①在客运组织准备阶段，列车调度员可以根据北斗技术提供的客流信息创建客流规律模型，对列车运行图进行优化。

②在客运组织实施阶段，列车调度员可以借助北斗技术对列车进行实时准确的定位，保证列车运行安全，提高列车调度的自主性与准确性，实现高效联动。

③在北斗技术的支持下，列车之间可以进行自主感知与自主通信，支持运营单位创建可靠性高、可用性强的列车运行控制系统，促使列车实现自主控制与虚拟编组，为列车智能调度与灵活混跑的实现奠定良好的基础。

2. 乘客服务

地铁运营的一项核心工作就是为乘客提供优质的服务，满足乘客的出行需求。智慧地铁借助北斗技术，可以打破传统的基于部门设置的乘客服务模式,创建一种业务驱动的可以更好地满足乘客需求的新乘客服务模式。

①在乘客出行方面,新乘客服务可以为乘客提供地铁内外全时程出行路径规划、站内换乘路径导航服务,支持乘客快速查询地铁站内的自助售票机、自助售货机、洗手间等设施,并获得前往这些设施的路径导航服务,获得更优质的出行体验。

②在乘客服务管理方面,新乘客服务模式可以基于北斗技术获取的高精度客流数据,利用数字孪生技术在虚拟空间对现实世界突发的大客流场景进行模拟,制定限流措施以及调度方案,为现场站务人员疏散客流、保证列车正常运行提供科学指导。

③在乘客服务设备管理方面,新乘客服务模式可以基于多维度、多层次的数字地图,引导乘客快速找到乘客服务机器人、服务台等乘客服务设施,获得无人化、智能化的乘客服务。

3. 维修维护

地铁各项基础设施的类型比较多、自动化程度比较高、涉及的资产规模比较大,其维修养护质量会直接影响到地铁运行的安全性与可靠性。在北斗技术的支持下,地铁管理部门可以获得各项基础设施准确的位置信息,根据这些信息对资产设备进行盘点,创建资产管理系统,对设备的运行状况进行实时监测,对设备故障进行诊断并及时发出风险预警,做好设备维修与养护,提高资产管理质量与效率。

此外,地铁维修养护人员可以利用高精度地图,辅之以北斗技术,明确故障发生位置,掌握作业人员所在的位置,了解备品备件情况,为各项基础设施的预防性维修与远程维修提供科学指导。

4. 安全管理

地铁运营管理人员不仅可以借助北斗高精度定位技术明确风险点的位

置,绘制风险链传导的地理路径,创建安全知识图谱;而且可以借助北斗技术获取站务人员、管理人员及施工人员的位置信息,利用电子围栏、电子点名签到、电子绩效考核等方式对上述人员进行精准管理,在突发事件发生时准确掌握现场人员以及应急救援物资的位置信息,为人员调度、物资调度、迅速组织救援等提供强有力的支持。

"双碳"目标下的地铁节能技术方案

随着地铁运行线路、运营里程不断增加,地铁供电系统以及地铁站空调通风系统等基础设施的能耗也持续增加,严重背离了目前节能减排的发展趋势。在"双碳"目标背景下,地铁想要实现可持续发展,必须积极探索节能技术与方案,实现节能降耗、低碳运行。

1. 城市轨道交通耗能背景

相较于地面公交车来说,城市轨道交通的运量更大、更准时、更安全、更环保。因为在运力相同的条件下,轨道交通的能耗只有小汽车的1/9、公交车的1/2,更符合节能减排的发展理念。不过,轨道交通的能耗相对较小并不意味着没有能耗。事实上,轨道交通的耗电量极大,在节能减排方面拥有巨大的潜力。

在轨道交通的能源结构中,电力占据着主要位置。虽然相较于汽油、柴油等化石能源来说,电力的使用不会直接产生大量的二氧化碳,但电力的生产过程却伴随着巨大的能耗以及大量二氧化碳。随着轨道交通线网不断增多,城市轨道交通对电力的消耗会持续增加,将给城市电力供应带来一定的挑战,也将导致运营成本不断增加,给地铁运营单位带来一定的资金压力。

2. 城市轨道交通节能的方式

为了实现节能减排，城市轨道交通可以尝试采取以下几种方式。

（1）设计合理的空间线型

城市轨道交通线路规划要做好两点：

- 设计人员在设计城市轨道交通线路时要控制轨道的曲线半径，以免列车在行驶过程中遇到太大的曲线阻力，增加电能消耗。
- 第二，设计人员在设计城市轨道交通线路时要优化线路节能坡。在列车进站时设计上坡路线，将列车的动能转化为势能；列车出站时设计下坡线路，将势能转化为动能，从而降低列车进出站时的能源消耗。

此外，为了提高动能与势能的转化效率，降低列车的牵引能耗，设计人员要合理设置列车进出站的坡度，在设计线路纵坡时要合理安排泵站等设备的位置，以达到节能减排、降低成本的目的。

（2）采取节能的车辆牵引系统

目前，国内轨道交通使用的大多是调频调压控制的交流牵引系统。过去，列车在调速时因为附加电阻不仅会消耗大量电能，而且会产生许多热量，导致隧道内的温度升高，从而增加通风系统的电能消耗。调频调压控制的交流牵引系统能够利用列车的再生能完成制动，可以回收25%左右的制动能量，从而很好地解决上述问题。

（3）配备节能的车辆供电系统

城市轨道交通安装牵引供电系统时要根据实际情况确定电缆以及开关设备的用量，尽量减少这些材料的用量，以降低线路以及设备的损耗。另外，城市轨道交通要合理设置变电所的位置，使用导电率较高的钢铝复合接触轨，从而更好地解决变电所空载能耗以及牵引网电能损失问题，同时要简化供电系统，节约配电设备，使用节能的照明产品，以减少电能消耗。

（4）开发节能的其他相关系统

近几年，为了实现节能减排、绿色运行，国内城市轨道交通管理企业探索了各种方法，例如给排水系统节能、自动扶梯和车站综合 UPS（Uninterruptible Power Supply，不间断电源）电源系统节能、设备监控系统节能等。

其中，在自动扶梯领域，城市轨道交通使用具有变频调速功能的公共交通重载荷型自动扶梯。该扶梯具有自动感知功能，当感知到无人乘坐时就会将速度降至 0.13m/s；当感知到有人乘坐时会将速度增加到 0.65m/s，在不影响乘客乘坐体验的前提下达到节能效果。

第8章
智慧隧道：引领隧道"智造"新时代

智慧隧道：关键技术与实现路径

智慧隧道是基于 5G、大数据、云计算、边缘计算等信息技术，辅之以各种智能感知设备，实现各项基础设施的泛在连接，从而能够实时感知、全面收集隧道内外部的环境信息，并对收集到的信息进行融合处理，实现主动学习与科学决策，提高隧道内空间资源的利用率，实现隧道建设、运维全生命周期管理的信息化、自动化与智能化，为隧道安全、稳定、高效运行提供强有力的保障，让隧道释放出最大的经济价值与社会价值。

智慧隧道建设并非易事，需要对数字化资源与智能化设备进行集成应用，借助先进的 5G 网络进行高效的信息传输，对各项经营管理活动进行信息化改造，在现代化监控量测技术的辅助下，实现隧道建设、运维全生命周期的智慧化管理。

1. 智慧隧道的总体架构

智慧隧道主要由五个部分构成，分别是智能装备、智能感知、数据资源、智能决策和智能管控，具体如图 8-1 所示。

智慧隧道				
智能装备	智能感知	数据资源	智能决策	智能管控
多功能钻机	传感器	地勘数据	大数据分析	动态化三维设计
	物联网	设计图纸	机器学习	
拱架台车	采集芯片	施工数据		机器人施工
	RFID	监理档案	深度学习	
	GIS	物资信息	交互分析	
湿喷台车	NFC	质量评价		智能化管理
	三维扫描	管理档案	智能进阶	

图 8-1 智慧隧道的总体架构

在这五个部分中，智能感知扮演着"连接器"的角色，将智能设备与后台服务器连接在一起，借助多元化的方式采集数据，实现数据的自动读取，并借助 5G 网络对数据进行快速传输。中国铁道科学研究院集团从 2013 年开始建设铁路工程管理平台，收集对铁路建设、运营、维护有关的各类数据资源，为智能管理与智能决策奠定良好的基础。

智能决策相当于人类的大脑，通过集成应用多种人工智能学习方法保证决策结果的准确性，降低错误决策的发生率。智能管控是智慧隧道建设的精髓，集中体现了隧道管理的能动性与互动性，是隧道全生命周期智能建造过程的集中体现。

2. 智慧隧道的技术体系

智慧隧道的技术体系可以分为隧道勘察设计、隧道工程施工、隧道建设管理三大部分，每个部分还可以继续细分，具体如图 8-2 所示。

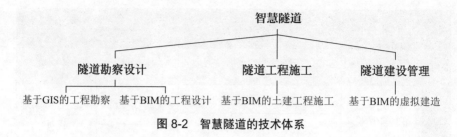

图 8-2 智慧隧道的技术体系

(1) 隧道勘察设计

隧道勘察设计可以细分为两大技术创新方向。

- 一是基于 GIS 的工程勘察，涵盖了五项技术创新成果，分别是空天地一体化隧道地质勘察预报、基于 GIS 的智能化量测、隧址范围内地形地貌全要素信息获取与快速处理、隧道工程地质和环境综合勘察、基于隧址范围内综合地质信息的勘察判释。

- 二是基于 BIM 的工程设计，涵盖了六项创新技术，分别是 BIM 建模、围岩自动分级与爆破参数自动优化、设计参数智能化选择与修正、协同设计、三维图纸存档与数字化设计交付、基于 AI 虚拟现实与 BIM 技术的建造过程展示。

(2) 隧道工程施工

隧道工程施工包括一个技术创新方向，即基于 BIM 的土建工程施工，涵盖了六项技术创新成果，分别是围岩监控量测与超前地质预报、洞内循环作业优化与有害气体检测、火工品管理与人员定位、钻爆法与掘进机法施工监控的自适应控制、智能工装施工状态实时感知与动态调控、预制装配式衬砌结构施工监控及自适应控制。

(3) 隧道建设管理

隧道建设管理包括一个技术创新方向，涵盖了三项技术创新成果，分别是全过程数字化管理、"地—隧—机—信—人"智能建造协同管控与可视化远程控制系统、全生命周期的成本控制系统。

3. 智慧隧道的实现路径

基于智慧隧道领域的各项技术创新成果，智慧隧道在建设过程中要克服一系列技术难题，具体分析如下。

（1）隧道工程地质环境勘察

在隧道设计、施工之前，技术人员要对隧道工程所处区域的地质环境进行勘察，会获取很多结构化的信息，但这些信息存在异步性、矛盾性的特点，处理难度比较大。为了解决这一问题，技术人员需要使用特征识别方法对结构化、半结构化与非结构化的信息进行有针对性的处理，解决数据处理过程中伴随的各种矛盾与冲突，建立表征隧道地质信息的多源异构信息数据库。

（2）爆破参数设计及优化

利用人工智能匹配技术建立设计参数智能化动态优化选择系统，根据隧道围岩评价结果对隧道钻爆设计、支护结构设计进行调节，对爆破设计参数、支护结构类型及参数进行计算，提高支护设计对围岩的自主适应性，以提高施工效率，保证施工安全。

（3）智能装备施工状态感知与调控

在施工过程中，各类机械设备会自动采集很多数据信息，利用大数据技术对这些数据信息进行深入挖掘，能够发现隧道施工参数与设备故障之间的关联，对设备运行过程进行在线监测，对设备故障进行远程诊断，并基于诊断结果对设备进行自动调控，保证机械设备稳定运行。简单来说，就是创建一套施工状态实时感知与动态调控体系，实现地质智能评价、自适应设计、智能装备作业、过程动态调节、故障实时反馈等功能。

（4）"地—隧—机—信—人"智能协同与管控

技术人员需要利用计算机、人工智能、VR（Virtual Reality，虚拟现实）、AR（Augmented Reality，增强现实）、BIM等信息技术针对隧道与围岩环境创建三维信息化模型，打造智慧隧道建造基础平台，实现信息查询与存储、再现工程水文地质信息、对设计施工监测数据进行实时反馈、对安全风险进行实时感知等功能。此外，还要在保证隧道质量、施工安全、施工效率、节能环保的前提下，将人机结合、信息化、机械化等技术应用于隧道建设，研发铁路隧道智能建造协同管控与可视化远程控制系统。

智慧施工：实现隧道智能化建设

随着经济发展以及技术进步，人们对地下空间的开发与探索愈发频繁，地铁、地下综合管廊、地下综合体等工程使得地下环境变得越来越复杂，给隧道建设带来了一系列的挑战，比如埋深大、隧道长、大断面、修建难度大等。在这种情况下，传统的隧道施工方法不再适用，亟须探索新技术、新方法。

在信息化时代，各行各业都在积极借助5G、人工智能、大数据等新一代信息技术实现智能化改造与升级，隧道建设也应该紧跟这一发展趋势，开发智能建造技术与方案，以应对复杂的地质环境，提高工程开展效率与质量。

简单来说，隧道智能化建设是基于隧道建筑信息模型和地理信息系统，利用新一代信息技术与先进的机械设备，促使多种智能信息技术与先进机械装备互相配合、协作，对隧道施工过程进行信息化管理，实现隧道施工的智能化改造与升级。在隧道智能建设的整个生命周期中，智能勘测与超前地质预报、智能化协同设计、智能化开挖施工是三个核心问题，下面对这三个问题进行具体分析。

1. 智能勘测与超前地质预报

在隧道建设过程中，智能勘测与超前地质预报是一项重要任务，直接关系着工程进度、工程安全与工程质量。在隧道智能化建设的过程中，在拟定建设区域之后，技术人员会利用地理信息系统、三维空间定位系统以及精密的量测设备在该区域进行勘测，获取该区域的地形、地层等信息，创建勘测数据库，根据围岩与支护理论自动对围岩进行分级，为隧道设计、开挖、支护等环节的施工提出建议。

隧道超前地质预报技术可以在隧道开挖的过程中，对掌子面❶前方及周边的围岩与地层情况进行实时监测，对可能出现的不良地质情况发出预警，提前采取措施进行干预，以降低施工风险，保证施工安全。在钻孔、爆破、支护等环节，技术人员同样可以利用隧道超前地质预报技术实时采集围岩参数，对围岩参数变化进行监测，利用钻孔分析法、计算机图像分析法、大数据分析法对围岩的稳定性进行判断，对支护和衬砌进行优化设计。

2. 智能化协同设计

BIM技术应用于隧道建设，可以对勘测、设计、施工、运维等环节进行智能化管理，实现隧道智能协同化设计。目前，在建筑施工领域，基于BIM技术的协同设计已经实现了落地应用。隧道智能化建设可以借鉴建筑施工领域的做法，利用地质勘探获取的数据，与地理坐标系统相结合面向隧道拟建区域创建可视化模型，根据围岩分级结果对隧道结构进行优化设计。

BIM协同设计的优点主要表现在以下几个方面：

---

❶ 掌子面：坑道施工中的术语，也称礃子面，指的是开挖坑道（采煤、采矿或隧道工程中）不断向前推进的工作面。

- 设计人员可以直接在三维图纸上进行设计，将三维图纸保存下来进行交付，而不需要生成纸质图纸。
- 基于BIM技术的三维设计模型可以展现任意位置的隧道横截面图与纵截面图，不需要重复绘图，可以节省设计人员大量时间与精力。
- 只需要对BIM模型进行轻量化处理就可以利用人工智能技术对隧道建设过程进行模拟，将整个施工过程以直观的方式展示出来。

3. 智能化开挖施工

隧道的智能化建设虽然要创新，但也要遵循传统的隧道开挖方法与理论，以围岩为主体，通过衬砌与围岩的共同作用，充分发挥围岩的稳定性，保证隧道设计的合理性与建设的安全性。

隧道智能化开挖与施工以隧道掘进机和盾构机为主要设备，以信息化系统为辅助，根据前期地质勘测和超前地质预报的数据确定掘进参数，对已经开挖的洞体周围的围岩进行监测，根据监测数据对支护衬砌方案进行调整，找准时机使用预制管片封闭成环。

4. 隧道智能建造的工程应用

贵南高铁广西段隧道在施工过程中出现了拱顶空洞、矮墙渗水等问题，为了解决这些问题，技术人员自主研发了隧道智能浇筑系统、PMS信息管理系统，与各种隧道施工设备相结合，共同形成了智能化隧道建设管理信息系统。在该系统的支持下，技术人员解决了隧道建设过程中遇到的许多问题，为贵南高铁广西段隧道的顺利完工提供了强有力的保障。

郑万高铁湖北段在建设过程中，以围岩稳定承载为基础，引入新奥地利隧道施工方法，创建了一个智能化隧道建设技术体系，为隧道结构设计、机械化施工、智能动态支护、防水作业和信息管理提供了新技术、新方法。

总而言之，隧道智能化建设离不开三大基础，一是机械化水平的提升，二是信息化技术的进步，三是智能管理系统的应用。其中，机械化水平的提升可以解放大量劳动力，提高施工质量与效率；信息化技术的进步可以对整个施工过程进行数据化管理，收集各施工环节产生的数据，利用大数据等技术对这些数据进行深入挖掘分析，获取所需信息，为施工方案的优化与调整提供科学依据；智能管理系统的应用可以提高隧道施工管理水平，对隧道施工的全过程进行可视化管理，保证隧道施工安全。

以机械化、信息化、智能管理系统为基础，辅之以人工智能、大数据等技术对隧道建设过程中可能出现的各种问题进行有效处理，对施工参数进行灵活调整，才能最终实现隧道的智能化、无人化施工。

智慧监测：隧道监测系统解决方案

智慧隧道监测系统肩负着保证道路使用者安全与隧道安全的双重任务，要保证隧道及隧道影响区域的交通安全，降低安全事故的发生率，对已经发生的安全事故、突发事件做出快速响应，发现车辆损毁或者人员伤亡及时报警，切实提高应急救援效率。

在实际应用过程中，除道路使用者外，智慧隧道监测系统还要满足管理者、职能管理部门等不同主体的不同需求。对于道路使用者，智慧隧道监测系统要为其提供语音播报服务，为其规划出行路线，向其发出安全驾驶提醒；对于隧道管理人员，智慧隧道监测系统要为其提供需要的各种信息，包括区域内的交通信息、环境信息以及照明、通风、消防、监控、通信等设备的运行状态等，辅助管理人员及时发现问题，做好管理工作；对于职能管理部门，智慧隧道监测系统要为其提供隧道影响区域及相关路网的交通运行情况、隧道影响区域突发事件的基本情况及所造成的损失情况，辅助相关工作人员对路网基础数据、突发事件处置过程、事件决策方案进行可视化管理，提高突发事件处置效率，降低处置成本。

总而言之，智慧隧道监测系统的功能非常强大，不仅可以实时采集各种交通参数，对照明、通风、消防、视频等设备的运行状态进行实时监测，将相关信息发布出来，还可以与应急救援系统、养护管理系统、数据分析与决策辅助系统对接，对隧道内的各项基础设施进行远程监测与控制，根据具体需求定制模块化联动控制预案，如图8-3所示。

图 8-3　智慧隧道监测系统功能

1. 交通事件监测

智慧隧道监测系统可以借助视频交通事件检测器、火灾探测器、能见度监测器、车辆监测器等设备，利用嵌套算法对隧道影响区域道路上行驶的车辆进行监测，对车辆逆行、违章停车、缓慢行驶、洒落物、交通拥堵、火灾等交通异常情况做出快速判断，发现异常立即发出报警，并将相关视频资料提交给管理人员确认，辅助管理人员快速处理，切实提高交通事故的处置效率。

2. 照明监测

智慧隧道照明监测可以和隧道内交通事件监测系统、消防监测系统共享数据，根据天气状况、交通量以及具体的时段对隧道影响区域内的道路照明环境进行分段管理，根据监测到的隧道洞外的亮度、洞内的照明情况、交通量、气象情况、能见度等参数对隧道照明系统进行自动控制，对隧道出入口以及隧道洞内照明设备的亮度进行动态调节，对洞内照明及照明控制设备的运行状态进行监测，防止出现洞内亮度与洞外亮度差异过大、洞内照明系统突然崩溃等情况，保证行车安全，同时实现节能降耗。

3. 通风监测

智慧隧道通风监测可以对隧道影响区域道路上行驶的车辆排放的尾气、运输危险货物或者发生火灾所产生的一氧化碳、氮氧化合物、烟雾粉尘等有害物质进行监测，收集有害物质排放的点位与密度等信息，利用大数据技术对这些信息进行处理，并根据数据处理结果，结合系统内预设的排风方案，实现不同环境耦合条件下通风设备的自动运行，尽快降低有害物质的浓度，达到隧道管养的安全卫生标准，延长通风设备的使用寿命，实现节能降耗。

4. 消防监测

智慧隧道消防监测可以利用传感器、物联网等技术，对不同地点、不同火势情况下的联动逃生救援模式进行预设，创建智慧消防云平台，借助物联网与消防系统的主机相连，对消防灭火系统、消防设施、消防报警系统、动态环境监测系统的运行状况进行监测，获取相关数据，对火灾情况进行实时监测，并将相关数据上传至控制中心，实现自动报警。

隧道监测中心的管理人员收到报警信息后，通过视频监测画面确认火灾发生位置及火势大小，自动启动消防监测、逃生诱导设施、灭火设施、消防救援等救援方案，通过多系统联动提高火灾救援效率及成功率，降低二次事故发生概率。

5. 视频监测

视频监测利用高清摄像头对隧道内不同点位、不同路段的道路情况、车辆运行情况进行监测，让管理人员可以实时掌握隧道内的交通运行情况，同时还可以与隧道交通事件监测、通风监测、照明监测和消防监测等系统共享数据，采集异常事件的图像，并将图像上传至主界面，实现多系统联动，切实提高异常事件处置效率，保证隧道的通行安全。

6. 信息发布

智慧隧道信息发布模块与智能广播、可变信息标志、隧道监测中心屏幕和移动终端对接，可以接收平台下发的各项信息与指令，并将其发布出去。

在正常行车环境中，智慧隧道信息发布系统会向驾驶员发布当天的天气情况、前方道路行车条件等信息，指导驾驶员选择最佳的行车路线，保持最佳的行驶速度，防止发生交通事故；如果隧道内有突发事件，智慧隧道信息发布系统会自动控制可变信息标志，发布当前的道路交通环境信息，提醒驾驶员避开事故区域，同时隧道管理人员会通过广播引导被困人员选择合理的路径逃生，尽量减轻突发事件所造成的影响。

智慧运维：隧道大数据平台建设

随着越来越多的隧道投入使用，做好隧道运营与维护，延长隧道的生命周期成为当务之急。在信息化时代，隧道运维要顺应趋势实现数字化、智能化升级，这就对各类数据提出了较高的要求。隧道数据分散、各项数据的利用率比较低，给数据的挖掘使用带来了一定的挑战。为了解决上述问题，企业要积极创建隧道大数据平台，引入大数据技术，切实提高隧道运维管理的数据化水平。

1. 隧道大数据特点

总体来看，隧道数据有两个特点，一是来源广，二是类型多。

在数据来源方面，射频设备、摄像机、电子卡口、隧道交通违法抓拍设备、交通事件检测仪、隧道环境检测传感器、隧道火灾探测器、隧道电力监控设备、隧道结构监测传感器等设备都会采集大量数据；在数据类型方面，隧道数据包括与人、车、路、周围环境以及隧道本身有关的各类数据。

隧道大数据在采集、处理、存储与分析等不同环节会呈现出不同的特点，如表 8-1 所示。

表 8-1 隧道大数据特点

主要特点	具体应用
数据采集	利用感知技术与各种类型的传感器采集隧道内外的各种数据，对数据采集的实时性要求比较高
数据处理	一方面需要对数据格式进行转化；另一方面由于数据信噪比[①]比较低，对数据的真实性、完整性、可靠性以及处理后的数据质量有比较高的要求
数据存储	数据之间存在较强关联，存储比较复杂
数据分析	数据建模、分析的难度比较大，对算法的专业性要求比较高，不同行业、不同领域的算法存在较大差异，对数据分析结果的精准度与可靠性提出了比较高的要求
数据可视化	数据分析结果要以可视化的形式呈现出来，并且对实时性要求比较高，以便实现实时预警
闭环反馈控制	强调闭环，实现过程调整和自动化控制

① 信噪比：英文为 Signal Noise Ratio，指的是一个电子设备或者系统中信号与噪声的比例。

基于隧道大数据的上述特点，隧道管理部门要将各种类型的数据整合起来进行统一管理,保证大数据的准确性、唯一性和及时性,提高大数据的质量;要对隧道数据进行标准化管理,统一定义数据的编码、属性等内容;各异构数据要按照一定的标准和规范进行交换,实现集成应用;促进隧道大数据公开共享。

2. 数据平台建设思路

隧道大数据平台建设的主要目标是深入挖掘隧道大数据的价值,让数据挖掘结果可以更好地为隧道运营管理服务。具体来看,隧道大数据平台建设要分三步进行:

- **Step 1**:建设咨询,通过调研分析确定隧道大数据平台建设方案;
- **Step 2**:平台建设,对大数据平台建设涉及的各类要素进行系统分析,根据分析结果设计平台,推动平台建设的实施;
- **Step 3**:评估改进,确定大数据平台建设标准,对平台建设成果进行评估,并制定改进方案。

其中,大数据应用的实施流程如下:

- **Step 1**:业务理解,先理解各项业务开展背景,对业务开展需求进行评估;
- **Step 2**:数据理解,收集业务开展需要的各类数据,并对数据进行清洗筛选;
- **Step 3**:数据准备,将数据转换为标准格式,对数据进行深入挖掘;
- **Step 4**:数据建模,选择合适的工具与方法创建大数据模型;
- **Step 5**:数据评估,对大数据模型以及建模过程、建模结果进行评估;
- **Step 6**:数据应用,将数据分析结果应用于各项业务,并改进数据分析模型。

具体的平台建设也需要分三步实施：
- Step 1：创建基础云平台，将资源虚拟化；
- Step 2：创建大数据平台，提供基础数据服务，例如数据抽取与集成、数据分析、数据解释和数据可视化等；
- Step 3：创建数据治理平台，对数据应用流程与工具进行集成管理。

3. 隧道运维大数据平台的作用

隧道运维大数据平台的作用主要体现在以下几个方面。

①隧道运维大数据平台可以改变传统的人工运维模式，实现数据驱动的管理与决策，提高隧道运维的自动化与智能化水平。

②隧道运维大数据平台可以沉淀隧道运维大数据，为相关算法提供更多学习资料，提高隧道运维设备的学习能力，为隧道通行预判提供更强有力的数据支持。

③隧道运维大数据平台可以积累很多交通大数据，为隧道运维智能化建设提供更多原始数据，与周边道路的通行情况相结合，以城市交通大脑为基础建设隧道反射弧。

④隧道运维大数据平台可以基于不断完善的交通大数据实现车隧协同，实现多维时空数据环境下的数据交换。

以大数据平台为基础，在分布式存储与分布式计算的辅助下可以完成大数据体系的构建。目前，隧道大数据平台建设已经趋于成熟，支持相关企业与单位完成各种大数据创新应用。未来，隧道大数据平台将变得更加智能化，平台将与人工智能相结合，借助人工智能实现计算、感知与认知智能，最终提高隧道运维管理的智能化水平。

| 第三部分 | 5G+ 智慧建筑

第 9 章
5G 建筑：科技驱动的智能建造模式

5G+ 物联网：立体视觉技术的应用

自改革开放以来，我国的建筑业取得了突飞猛进的发展，基建水平和效率在国际上处于遥遥领先的地位。不过，我国传统建筑业采取粗放式的发展模式，尽管发展迅速，但消耗了大量的资金和资源，并且资源利用效率较为低下，资源浪费现象严重，此外还带来了严重的环境问题，不利于建筑行业乃至整个国民经济的可持续发展。

随着全球气候问题不断加剧，绿色发展理念逐渐深入经济发展的各行业领域，建筑行业转变发展模式成为必然。从目前来看，开展数字化转型是建筑行业实现降本增效、绿色发展的有效途径。建筑行业开展数字化转型，离不开先进的技术和设备，5G 及新一代信息技术的发展和应用为建筑行业数字化转型带来了机遇。5G 与物联网、大数据、云计算、BIM 等先进技术的融合运用，将赋予建筑行业各个领域智能化、数字化的新功能，全面提升建筑行业的创新发展能力，逐步推动建筑行业实现全自动化，最终实现智慧建造和管理。

在建筑领域，各类建造活动会产生大量的数据和信息，建筑行业开展数字化转型需要将这些数据和信息转化为资产，并充分发挥数据资产的价值，变革建造模式，实现数据驱动的智慧建造。

建筑行业可以根据建造项目的特点和要求，在建筑装置和基础设施上部署各类智能传感器，同时对5G与物联网技术进行融合运用，打通各类传感器、建造设备、建筑系统之间的连接。在作业过程中，这些传感器可以实时感知并采集相应的作业数据和装置的状态数据，并通过5G网络将这些数据实时传输至工程项目管理信息系统，形成互联共享的工程项目大数据库，通过数据分析来实现海量资源的精细化、标准化管理。

5G+物联网技术应用于建筑行业中，为立体视觉技术提供了良好的应用条件。立体视觉技术基于人眼观察场景分辨物体远近形态，可以用于重构场景三维几何信息，能够精准地感知和采集环境中物体的类型、数目、尺寸、距离、运动状态等信息，立体视觉技术的应用能够为无人机打造"动态智慧眼"，对建筑施工场景进行动态观察。5G与物联网技术的融合应用，不仅可以提升建造活动的质量和效率，而且可以充分发挥立体视觉技术的优势，对施工现场进行智能化监管，保证施工环境和作业过程的安全，大幅降低事故发生的概率。

在施工现场，5G、物联网和立体视觉技术主要可以在以下几个方面发挥作用。

（1）对施工质量进行自动检测，保障工程质量合格

智能传感器、激光扫描仪等设备可以智能感知和捕捉深基坑挖掘的土方体积、地质构成等数据，并结合立体视觉技术在虚拟环境中创建三维模型，同时结合仿真模拟等技术对施工情况进行精准预测和评估，以确保施工质量。

（2）制定合理的采购策略，优化资源配置

扫描设备可以利用立体视觉技术对仓库中的石子等材料的数量、规模、体积进行扫描，精准盘点库存，并结合施工情况优化资源配置，同时制订合理的采购计划。

(3) 提升施工环境的安全程度,保障工作人员的人身财产安全

立体视觉技术由于可以精准感知物体运动趋势,能够对吊臂装置和工作人员的运动趋势进行精准预测,从而及时提醒工作人员远离吊臂装置的运动范围,保障工作人员的安全。5G、物联网等技术的应用,能够进一步提升立体视觉技术对建造装置和工作人员运动状态预测的精准度和时效性,为确保施工环境的安全提供了坚实的技术基础。

此外,传统建筑行业在开展物料、设备、人员、安全等方面的管理时,通常采用视频监控的形式,对施工现场情况进行监视、录像,但传统监控模式一般采取在重点区域部署监控设备进行定点监控的方式,这种监控方式盲区较多、动态性差,不能全面捕捉施工现场的所有情况,从而无法满足对施工安全和施工质量进行实时、全面监管的需求。而5G、物联网、立体视觉技术的应用可以完美地解决这一问题。

一方面,5G技术具备低时延、高速率、大带宽、广连接等优势,可以满足智慧建筑对网络环境的要求,基于5G网络和物联网技术,海量数据可以实现实时传输、共享和分析,为超高清视频监控奠定坚实的技术基础;另一方面,立体视觉技术可以为无人机赋能,实现动态、全视角监控,无人机可以通过物联网与其他设备和控制中心实现实时互联,结合控制中心的指令,利用立体视觉技术对相关施工场景进行精准、动态拍摄,同时通过5G网络实时传输至控制中心进行分析,便于管理人员对施工现场进行远程勘察和管理,提升管理效率,最终实现高质、安全施工。

随着建筑行业数字化转型策略的不断深化,智能设备的数量也越来越多,5G+物联网应用于建筑领域,将会实现海量设备的实时互联,推动各设备之间进行信息交换和通信,并将各项设备采集的信息进行融合汇聚,形成统一的建筑大数据库,工作人员可以通过对大数据的分析来智能掌握施工项目的进展情况,并优化施工策略,进而实现数据驱动的智能建造。

5G+BIM：建筑工程管理数字化

BIM 技术将三维技术、仿真技术、建筑学原理等进行融合，根据实体建筑创建数据化、信息化的建筑模型，并对模型进行综合分析，以实现数据化的工程设计、施工和管理，是建筑领域的一项新工具。5G 与 BIM 技术相结合，可以对时刻变化的建造数据进行收集整合，并将这些数据在建筑模型上体现出来，从而实现虚拟模型与物理建筑的信息联动和实时交互，进而实现数字化的建筑工程管理，提升管理效率和水平。

5G+BIM 也是建筑行业开展数字化转型必不可少的技术，5G+BIM 技术主要从以下几方面推动建筑领域的数字化转型，如图 9-1 所示。

图 9-1　5G+BIM 推动建筑领域数字化转型的基本路径

1. 建筑实体数字化

利用智能传感器对实体建筑的材料、规模、建造过程等信息进行全面感知和采集，结合这些信息在数字世界中创建 BIM 模型，并以动态数据驱动 BIM 模型模拟实体建筑的建造和运转过程，从而提前预测可能出现的问题，并优化施工决策，提升实体建筑的施工效率和质量。

需要注意的是，在数字化模型的建造过程中，同样也要遵循 PDCA（计划、执行、检查、处理）原则。

2. 要素对象数字化

施工要素对象包括施工人员、设备装置、原材料、施工方法、施工环境等，利用5G、BIM、物联网等技术将这些要素进行数字化处理，在虚拟世界中利用数字化的要素进行BIM模型建造，从而实现项目的精细化管理和智能化决策。

3. 作业过程数字化

建筑项目的作业过程包括规划、施工、检测、优化改进等环节，基于建筑实体数字化和要素对象数字化，将作业过程进行数字化处理，通过在虚拟环境中对作业过程的模拟仿真，优化作业工艺，提升施工效率，同时实现施工过程的标准化管理。

4. 管理决策数字化

在实体建筑、要素对象、作业过程完成数字化的基础上，对虚拟世界中BIM模型的建造施工和运转情况进行模拟和观察：一方面BIM模型在模拟过程中会产生大量数据，管理人员可以通过数据分析来优化管理决策；另一方面管理人员可以精准洞察可能存在的安全隐患以及不合理的施工情况，从而优化施工决策，进而实现施工过程的数字化管理。例如，当施工作业工程量较大、需要增加作业人员时，BIM模型会自动识别这一需求并将其传输至管理中心，各层的管理人员可以根据施工需求来优化人力资源配置。

实际上，建筑行业属于工艺集成型产业，因此，标准化的管理手段是提升建筑工程管理效率、推动建筑工程管理数字化的有效途径。但在传统的建筑行业中，由于建筑公司不同，建造项目规模不同，建筑工程施工工艺与工法差异较大，因此标准化管理并未得到很好的普及。而5G、BIM、数字孪生等技术的应用可以很好地弥补传统建筑行业管理的缺陷，并推动标准化管理方法的普及。5G 与 BIM、物联网、大数据、云计算、人工智能、区块链等新一代信息技术相结合，协同为建筑行业的管理场景赋能，可以加快数字化管理的落地。

大数据、物联网、移动互联网等技术可以实现海量建筑数据的收集、整合、传输、分析，BIM 模型基于这些数据可以精准地模拟实体建筑施工的全流程，管理人员可以基于可视化的虚拟施工流程制定合理的管理决策；而 5G、物联网等技术可以实现海量数据的实时共享，从而促进施工人员、机械设备之间的信息交流互动，进而实现人与人、人与设备、设备与设备之间的高效协同，这也为提升管理效率提供了有利条件。

此外，各项技术的应用既可以扩大施工过程产生的数据规模，又可以实现对这些数据的全面收集，从而形成共享的建筑大数据库，这也为业主方、设计方、总包单位以及分包单位之间的沟通交流提供了有力的依据，能够很好地避免信息不对称现象，从而保障各参与方的合法权益。

5G+ 大数据：实现建筑行业人机智能协同

建筑行业开展数字化转型，一方面要将建筑物的相关信息进行数据化；另一方面要对建造过程产生的数据进行全面收集，并通过数据分析发挥其价值，而这个过程离不开大数据技术的支撑。

大数据技术应用于建筑行业，可以实现对海量数据资源的精准分析，基于数据分析结果，施工人员、机械设备、项目业务线、项目各参与方之间都能够实现高效协同，进而实现数据驱动的智能建造，如图 9-2 所示。

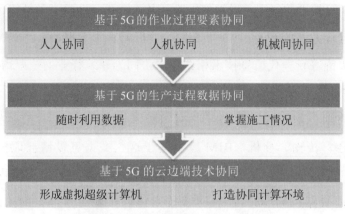

图 9-2　5G+ 大数据推动人机智能协同

1. 基于 5G 的作业过程要素协同

建筑项目的施工现场涉及人员、材料、设备、环境等要素,在具体施工过程中,这些要素需要协同配合,共同完成项目的施工。其中,人人协同、人机协同、机械间协同是最普遍、最重要的场景,5G、大数据等技术的应用可以有效提升这些场景的协同效率。

(1) 人人协同

施工人员可以人手配备一件相关的智能化设备,这些设备可以结合大数据技术动态收集施工人员的作业数据,并通过 5G 网络与其他人员的设备进行实时的信息交流,从而帮助施工人员精准掌握其他人员的操作情况,以提升人与人之间的协同效率,实现多人感知互通的高效、精准作业。

(2) 人机协同

在机械设备上部署智能传感器,这些传感器可以实时感知并收集机械设备的作业情况数据,并将数据传输至控制中心,施工人员可以借助大数据技术对这些数据进行精准分析,基于数据分析结果对机械设备进行远程操控,提升操作的合规性、精准度和安全性。

（3）机械间协同

智能化的机械设备可以通过 5G 网络进行实时互联，并通过信息交流和数据分析了解整体作业情况，提升与其他机械设备间的协同效率，实现精准、自动、高效的施工，降低人力施工成本。

2. 基于 5G 的生产过程数据协同

大数据技术与 5G、智能传感等技术相结合，对施工现场的数据进行实时感知和全面收集，并打造统一的建筑数据共享平台，基于这一平台，项目各部门、建筑公司、各参建方等主体可以随时进行数据分析，通过数据分析掌握施工情况，并据分析结果协同优化施工策略，从而既可以提升各主体之间的协同效率，又可以避免信息不对称现象。

3. 基于 5G 的云边端技术协同

在智能建筑领域，施工现场一般对 TPS（Transaction Per Second，每秒事务处理量）的要求不高，但对网络低时延、数据算力等要求却非常高，传统的云计算技术很难满足智能建造的要求，这也成为制约建筑领域数字化转型的重要因素。

5G、大数据技术的应用为实现这一要求提供了有效的解决方案。5G 技术与云计算技术相结合，可以将分散在各类传感器、计算机、摄像头、智能手机等设备中的 CPU（中央处理器）、GPU（图形处理器）、NPU（嵌入式神经网络处理器）、FPGA（现场可编程逻辑门阵列）、ASIC（专用集成电路）等处理器连接起来，形成具备众多异构计算节点、储存容量庞大的虚拟超级计算机，进而打造基于异构网络的分布式云、边、端协同计算环境，实现云边端技术的高效协同，为施工现场的信息交换、任务分配、结果验证等场景提供强大的基础环境，进而实现智能建造。

基于 5G 技术的智慧建筑规划方案

智能建筑的建设离不开 5G、通信技术、计算机技术、现代控制技术等新一代信息通信技术以及建筑技术的发展和应用。所谓智能建筑，即能够利用传感器技术实现信息感知，利用互联网技术实现设备互联，利用大数据和云平台实现智慧管理，同时还能利用人工智能技术来模拟人类思维，对这些新兴技术的应用有效提高了建筑管理的智能化水平。

简单而言，智能建筑就是利用多种先进技术建设或改建而成的学校、办公楼、住宅小区、商业综合楼等建筑设施。与传统的建筑相比，智能建筑具有舒适度高、安全性强、智能化功能丰富、节能环保和可持续发展等优势。

在智能建筑的技术基础中，5G 的重要性不言而喻。5G 通信技术的应用能够促进人机物实现互联互通。2015 年 6 月，国际电信联盟（International Telecommunication Union，ITU）将 5G 命名为 IMT-2020，并将增强移动宽带（enhanced Mobile Broadband，eMBB）、超高可靠低时延通信（ultra-Reliable and Low Latency Communications，uRLLC）和海量机器类通信（massive Machine Type Communication，mMTC）定义为 5G 的三大应用场景。其中，mMTC 侧重于智慧城市、智能家居、环境监测等与物联网相关的应用场景，mMTC 与智慧建筑的融合有助于我国快速推动智慧城市建设。

从 5G 的应用层面来看，互联网和物联网能够为 5G 的应用提供技术支撑，提高 5G 通信的安全性、稳定性、传输速率等，同时降低通信成本，优化用户体验。

5G 网络通信技术在智慧建筑中的应用能够有效避免人工在各个环节中传递信息时可能会出现的问题，进而提高建筑信息的传输速率和准确率，为建筑施工工作的顺利实施提供强有力的保障。与此同时，建筑工程人员也可以利用基于5G技术的智能建筑系统对智能建筑进行集中管理，进一步提高建筑工程管理的智能化水平。因此，建筑工程部门应大力推动5G技术在智慧建筑领域的融合应用，从技术层面驱动建筑行业快速实现智能化。

1. 构建海绵型通信网络

海绵型5G移动通信网络能够对网络容量配置进行科学合理的规划，因此，建筑工程部门可以借助在智慧建筑中建设海绵型5G移动通信网络来达到保障网络容量、高效传输信息的目的。

具体来说，海绵型5G移动通信网络在智能建筑领域的应用能够进一步打通建筑部门网络沟通和资源共享的渠道，有效提高各个建筑工程部门在信息传递方面的效率，为相关部门共享建筑信息、交接建筑工作提供便捷，从而实现对建筑工程施工进度的全面控制，有效提高智能建筑工程的施工质量和建设效果。

除此之外，建筑工程部门还可以通过在智慧建筑中构建基于5G技术的监控指示系统来对建筑进行全方位智能化管理，利用各种5G技术应用为智能建筑内的用户提供强有力的居住安全保障，充分发挥出智慧建筑在智能化、高效性、安全性等方面的优势。

2. 智能电网

建筑工程部门在推进智能建筑建设的过程中可以构建基于5G网络的智能电网，让电力流、信息流在5G环境下高度融合，进而实现专网服务以及能源和信息的稳定高效传输，同时最大限度地减轻外界网络环境对智慧建筑建设的干扰，提高智慧建筑建设的安全性和高效性。

由此可见，传感技术、测量技术、智能控制技术、决策支持系统技术等技术手段以及具有集成性、高速传输、双向通信等特点的5G网络是构建智能电网过程中不可或缺的要素。建筑工程部门应以智慧建筑的建设现状为依据推进智能电网的应用,并推进智慧建筑建设走向智能化、信息化,在一定程度上优化智慧建筑的建设效果,同时推动智慧城市建设提速加力。

3. 人员管控规划

在建筑人员管理规划方面,相关管理人员可以通过基于 5G 的人员信息管理系统及时了解参与智能建筑工程建设的各个部门中的工作人员的实际工作情况,并对智能建筑建设的各个环节的人员配置、岗位安排等进行合理的调整和规划。

与此同时,还可以全面把控智慧建筑建设项目的施工进度和施工质量,从而根据实际建设需求优化宽带网络,提高智慧建筑的施工质量。不仅如此,建筑工程部门还应持续推进智慧建筑中的 5G 网络试点建设工作,利用日渐完善的 5G 网络试点来满足人们在通信方面的需求,进一步推动智慧城市建设。

4. 信息安全规划

在信息安全规划方面,5G 技术的应用能够在一定程度上兼顾信息传输速率和信息传输安全,在提高智慧建筑的智能化水平的同时充分保障用户信息在网络环境中的安全。建筑工程部门应针对智慧建筑构建具有安保和智能识别等多种功能的网络安全体系,通过对进出建筑物的车辆和人员进行智能化识别来为智能建筑内部的居民提供智能化的安保服务。

除此之外,建筑施工人员还可以利用安全可靠的信息资源支撑体系和多元化的智慧综合体系建设智慧建筑,利用 5G 技术优化智能建筑的服务效果,进一步提高各个人群对智慧建筑建设的接受度和支持度,进而推动我国建筑行业迈向高质量发展的道路。

总而言之，随着智慧城市建设进程的推进，5G在智慧建筑中的深入应用逐渐成为大势所趋，且融合了5G应用的智慧建筑能够大幅提高人们的生活质量，因此，建筑工程部门应针对智慧建筑的建设现状推动5G在通信、电网、人员管控和信息安全管理中的应用，进而提高智慧建筑建设的智能化程度，保障智能建筑的建设质量，进一步提高我国建筑行业发展的稳定性和可持续性。

第 10 章
智慧工地：5G 在建筑施工中的应用

我国建筑施工管理中存在的问题

智慧工地是指运用大数据、云计算、人工智能、移动通信、智能设备和建筑信息模型等多种信息化技术手段和三维设计平台对建筑工程进行设计和模拟，并围绕人、机、料、法、环等影响工程施工的关键要素来提高工程施工的可视化智能管理水平和工程管理的信息化水平。

传统的智慧工地主要利用 BIM 技术和物联网技术来提高自身的建筑建设能力。具体来说，在建筑施工环节，相关人员会运用 BIM 技术对建筑施工过程进行数字化、智能化管理，从而提高建筑施工管理水平，运用物联网技术来提高前端的感知能力，除此之外，建筑业还会大力推进 BIM 技术和物联网技术在绿色施工、人员管理、安全管理、物料管理、施工质量管理、机械设备管理等方面的创新应用。

近年来，建筑行业的信息化建设速度越来越快，智能建造和智慧工地快速发展，因此，我国相关部门陆续发布政策文件对建筑行业的信息化建设进行规范和引导。

2018 年 12 月，中央经济会议提出"加强人工智能、工业互联网、物联网等新型基础设施建设",重点突出"新基建"在经济发展当中的重要作用。2020年8月,住房和城乡建设部、中央网信办、工业和信息化部、人力资源和社会保障部、商务部和银保监会联合印发《关于加快推进新型城市基础设施建设的指导意见》,提出"推进基于信息化、数字化、智能化的新型城市基础设施建设"。

我国经济发展质量的提高推动了建筑等多个行业的快速发展。随着我国经济实力不断提高,人民生活水平全面提升,人们对生活环境、工作环境等提出了更高的要求。对建筑物来说,不仅要具备丰富的功能,还要有美观的外形,因此建筑施工企业需要通过使用新的建筑技术、建筑工艺和建筑材料等方式推动建筑物结构向多样化方向发展,提高建筑物在功能、结构和外形上的丰富性,并在保障建筑物的建设质量的同时充分满足人们日渐多样化的需求。

不过,现阶段我国建筑业在建筑施工阶段还存在许多不足之处,主要体现在以下两个方面。

1. 规范力度较低

现代化的建筑物在建筑施工环节大多具有技术种类多、技术难度大、建设复杂度高等特点,如果建筑施工环节的管理工作人员和施工技术人员缺乏一定的综合素养,那么他们的能力将难以达到建筑施工的管理要求和技术标准,因此能力不足的管理工作人员和施工技术人员难以对建筑施工现场进行全方位的把控,也无法保障施工质量和建设水平,最终可能会对工程造成极大的损失。

为了提高建筑施工的规范性,保障建筑工作顺利进行,施工方要采取相应的措施对参与建筑建设的各方人员的行为进行规范:一方面,要对相关管理工作人员和施工技术人员进行培训,强化其规范化建筑施工的意识，并提高管理工作人员的管理能力和施工技术人员的技术水平；另一方面，要完善奖惩制度，对建筑施工现场的违规行为进行处罚，促使参与建筑建设的各方人员自觉遵守规则，从而实现安全规范生产。

2. 施工方式不合理

由于许多建筑工程项目在施工前缺乏对施工方式的论证和对施工计划可行性的研究，在施工过程中便容易存在违规作业、监管不到位、施工方式不合理等问题，且建筑施工环节烦琐、工程量庞大，因此建筑的施工方难以对施工现场进行有效管理，导致施工计划和施工方案频繁变更，工程项目进展缓慢，安全事故发生率居高不下，建筑施工质量难以保障。

为解决以上问题，施工方应采取相应措施来提高建筑施工方式的合理性。具体来说：

- 在施工前，施工方可以联合建设方、监理方和设计师提前对施工方案进行可行性分析，找出并解决施工方案中存在的问题，并根据实际情况对施工方案进行完善，对施工方式进行调整，从而进一步提高施工方案的可行性和可操作性。
- 在施工过程中，施工方可以通过完善管理制度、提高管理人员的综合素质和专业性等方式督促参与建筑施工的各方人员养成自觉遵守相关管理制度的习惯，进而达到强化施工现场管理的目的。

随着建筑行业的快速发展，各项相关标准日益完善，5G等新一代信息通信技术在建筑施工中的应用也越来越广泛，5G智慧建造技术的应用进一步推动了建造模式的创新发展。

2019年，我国进入5G商用元年，建筑行业也积极将5G技术融入各个应用场景中来提高整个行业的数字化水平。未来，建筑业还将综合运用5G、大数据、物联网、人工智能、虚拟现实、建筑信息模型等技术来提高行业生产的数字化、网络化、智能化水平，建设并不断完善一体化行业监管服务平台，进一步提高数据资源的利用效率。5G技术在建筑领域的广泛应用，不仅能够加快建筑业实现数字化的进程，也有助于推动建筑业的高质量发展。

5G驱动施工管理智能化转型

在建筑工程项目管理方面，由于项目管理涉及多个方面，且管理链条较长，各方互动频次高，影响施工的"人、材、机、料、法、环"等要素变化快，项目管理的着力点难以把握，因此相关管理人员难以及时收发建筑施工过程中的各项信息数据，也无法利用数据来对决策形成有效支撑，更无法实现对建筑工程项目的全方位管理。

5G技术的快速发展和应用为建筑行业提供了新的管理手段和管理工具，建筑工程项目的管理人员可以借助5G技术提高自身的项目管理能力，从而为建筑工程项目的有序进行提供强有力的保障。

1. 5G+AI技术在工地安全管理中的应用

项目管理就是在时间、费用、人力等条件的约束下，通过对当前既有的人力、知识、设备工具等资源的合理规划来完成生产计划。在建筑领域，项目管理往往具有规模大、户外作业多、环境复杂、信息量大、可控性低、参与方多等特点，因此建筑工程项目的管理人员往往难以对各项资源进行科学合理的分配，也难以利用项目信息做出有效决策。

AI具有强大的数据处理功能，AI技术在建筑工程项目管理中的应用有助于提高信息处理效率和数据计算精度，进而实现智能化决策。具体来说，基于AI的建筑工程项目管理主要有以下几项优势。

（1）提高决策的水平

基于人力的建筑工程项目管理无法快速处理大量信息数据，在进行决策时参考的数据量较少，难以保障决策的效率和精准度；而基于 AI 的建筑工程项目管理能够高效处理大量项目数据，并利用这些数据快速做出精准决策。

（2）提高管理的精度

基于人力的建筑工程项目管理受管理人员工作状态等因素的影响较大，难以保障相关材料和劳务等内容的管理精度；而基于 AI 的建筑工程项目管理具有数字化、智能化、自动化等特点，且整个管理过程不受人为因素影响，能够充分保障建筑工程项目管理的准确性。

（3）提高管理的效率

人的管理能力和管理效率有限，能完成的工作也十分有限；而 AI 具有图像识别、语音识别、数据处理等多种功能，能够快速完成许多仅靠人力无法完成的工作，且 AI 的工作效率远高于人力，因此，利用 AI 进行建筑工程项目管理既可以有效提高管理效率，也能有效缓解人力资源短缺的难题。

2. 5G+ 无人机技术在智慧工地中的应用

无人机在智慧工地中的应用既可以有效提高工地安全监管的全面性，也可以明显增强建筑工程测绘的精准性。建筑施工企业可以利用 5G 移动网络来提高无人机的通信质量，进一步保障使用无人机进行安全监管和测绘时的网络稳定性，让移动网络能够充分发挥其在信息传输方面的作用，大幅提高无人机的信息传输效率。

（1）无人机在工地安全监管中的应用

在工地安全监管方面，施工方可以以无人机为监控工具，以 5G 网络为信息传送渠道实现对建筑工地的远程实时监控，以便及时发现施工过程中存在的问题和隐患,并将这些问题和隐患反馈给施工现场的管理人员,从而达到及时解决问题、消除施工隐患的目的。

但利用无人机进行工地安全管理也有许多不足之处。比如,施工现场发生的事故大多数属于紧急的突发事故,因此利用无人机进行工地安全管理既无法对事故做出精准预测,也难以有效避免发生事故,施工方只能在最大限度上做好安全防范工作;再如,由于建筑施工现场环境十分复杂,因此即便使用无人机来进行安全监管,也会存在许多监控死角,难以实现对装备情况、材料堆放情况、人员操作情况等多个方面的全方位监控,无法全面消除建筑施工过程中存在的安全隐患。

(2)无人机在建筑测绘领域的应用

建筑施工方可以利用测绘无人机自动采集高程、地面地形、坐标信息等数据,进而达到提高信息采集效率、降低信息采集成本、提高信息采集灵活性、减少测绘工作量、缩短工程建设周期等目的。同时,还可以利用BIM技术根据无人机采集到的数据进行三维重建,构建出集成环境信息和建筑信息且具有地理坐标的高精度三维模型,并将该模型应用于土方施工测量计算等环节当中,从而进一步提高工程管理的信息化水平,同时为建筑工程的开展和实施提供便捷。

3. 5G+ 可穿戴技术在建筑施工中的应用

5G+ 可穿戴技术在建筑领域的应用具有实时跟踪、健康监测等功能,能够实时监测施工人员的心率、血压、体温等各项生理指标,同时采集、传输并处理这些生理健康数据,从而为工人的建筑施工提供安全保障。

无线局域网(Wireless Local Area Network,WLAN)是可穿戴设备在建筑领域应用的基础,它具有移动性强的特点,能够连接计算机设备和网络,让信息传输不再受电缆的限制。但WLAN也存在许多不足之处,比如,WLAN依靠电磁波来传输信息的方式受外物的影响较大,树木、建筑物等都会影响 WLAN 的信息传输速率和信息传输质量；再如，WLAN 还具有无边界化的特点，网络的安全性不高，因此各行各业在使用 WLAN 进行信息传输时往往会缺乏有力的安全保障。

随着 5G 技术的快速发展，5G 融合应用的覆盖范围越来越广，在建筑领域，5G 网络的应用也有着较大的发展前景。与 WLAN 相比，5G 具有信息传输速率快、室内信号深度覆盖、隔离度高、系统兼容共存等优势，能够充分满足建筑工程施工的网络需求。

就目前来看，5G 在网络性能、传输速率、传播频段等多个方面都远胜于 WLAN，因此，5G+可穿戴技术的应用有着更高的可靠性和智慧性。在建筑领域，5G+可穿戴技术有着十分广阔的应用空间，其应用能够通过为施工人员提供强有力的安全保障来提高整个建筑工程的有序性，进而推动建筑业实现高质量发展。

5G+MEC❶ 赋能新型智慧工地

随着 5G、大数据、物联网、边缘计算等新兴技术的快速发展和应用，新一轮科技革命和产业变革的进程逐渐加快，经济社会的发展速度也不断提高。在建筑领域，各种新兴技术的应用将会改变建筑行业的产业结构和发展方式，推动建筑业由高投入、高消耗、低技术、低产出向集约化、规模化、数字化、智能化转型。

5G 技术和多接入边缘计算技术在智慧工地中的应用能够大幅提高建筑行业的智能技术应用水平，有效提高建筑领域的数字化、信息化发展速度，实现"人、机、料、法、环"五大管理要素的全面提升，充分保障智慧工地管理的安全性和高效性。

---

❶ MEC：全称 Mobile Edge Computing，指边缘计算技术。

1. 智慧工地发展面临的技术瓶颈

就建筑行业当前的客户需求情况和技术应用水平来看，若要推动智慧工地快速发展，还需解决以下几项难题，如图 10-1 所示。

图 10-1　智慧工地发展面临的技术瓶颈

（1）基础通信需求

现阶段，工地周边的公用移动通信基站是大多数建筑工地实现信息通信的主要接口设备，但由于当前的基站存在数量少、规模小、部分产品成熟度低等问题，难以在地下和高空为建筑施工提供安全稳定的网络服务，因此，建筑工地仅利用基站进行信息交流往往存在沟通不畅等问题，需要推动多运营商、多网络的室内分布建设。

（2）移动设备应用

建筑施工限产具有较高的复杂性和多变性，使用传统的有线视频监控设备对建筑施工活动进行监管会为相关管理人员的后期运维工作带来不便，而无线接入设备能够有效解决这一问题，因此，需要推动无线接入设备在建筑施工场景中的广泛应用。

（3）视频实时传输

传统的利用 4G 网络专线远程传输视频的信息传输方式存在运维管理难、成本高、实时性低、传输视频量少等缺陷，难以充分满足智慧工地在远程视频传输方面的需求。

（4）设备远程操控

传统智慧型工地大多借助 4G 网络实现设备与网络之间的连接，存在传输距离短、网络时延高、上行带宽小等不足之处，因此，建筑施工人员无法借助网络远程操控各项设备。

2. 5G+MEC 在智慧工地方面的技术优势

基于 5G、MEC、物联网等先进技术的建筑工程施工管理能够加强线下施工与线上管理之间的联系，为相关管理部门实施监管工作提供便利，大幅提高监管人员的工作效率，能够便于监管人员快速发现并解决建筑工程施工过程中存在的安全问题，提高建筑施工的安全性。

由于建筑工程施工现场的网络通信场景逐渐趋向多样化，业务类型也越来越丰富，因此，智慧工地所使用的网络需要有更高的网络性能和更多样化的应用。5G 网络具有端到端的网络切片能力，能够为不同的业务和网络通信场景配备具有针对性的网络切片，进而充分满足不同业务和场景的需要，进一步提高网络控制的科学性、合理性以及资源利用的高效性。

MEC 在智慧工地中的应用能够让各项业务无须上行至云端或公共网络，在边缘侧就能得到处理，实现了就近访问、就近处理，能够有效节约业务请求上报、响应的时间，降低传输时延，大幅提高访问速度和处理速度，同时也有助于达到优化用户体验的目的。

MEC 能够推动网络核心能力和网络资源下沉，实现业务本地化，当出现本地无法处理的问题时，计算中心才会去完成计算任务，这不仅能够有效缩短时延，还能大幅减少计算中心的计算能耗。与此同时，MEC 中还可以部署各种服务器，智慧工地可以通过部署在 MEC 中的服务器来实现业务的实时本地存储和处理，从而减少传输环节的能耗。由此可见，MEC 的应用有助于提高能量效率和网络通信效率。不仅如此，用户平面功能（User Plane Function，UPF）还是连接 MEC 服务器和网络的枢纽，既能够采集网络信息和终端信息，也能转发和调配各项资源。

例如，北京大兴机场综合发展服务区智慧工地建设项目中使用的MEC服务器既能够采集用户终端的链路信息，也能够合理调配带宽资源，可以充分发挥5G网络时延低、带宽大的优势，并根据用户的网络带宽自动调整视频质量，防止出现播放卡顿的情况。由此可见，5G+MEC能够为用户提供更加优质的服务，进一步优化用户体验。

基于5G+MEC的智慧工地解决方案

在5G网络的基础上综合运用MEC、区块链、视频智能追踪、AI自动识别等多种技术手段的智慧工地解决方案，不仅有助于推动建筑施工过程走向智能化，而且能够大幅提高技术应用的高效性和精准性。

从整体架构上来看，融合了5G技术和MEC技术的智慧工地平台可以通过客户前端设置（Customer Premise Equipment，CPE）和5G无线接入网、承载网、核心网将视频监控等监测设备与云端平台相连，以便在云端平台处理一些无法在边缘侧处理的视频内容和数据信息。除此之外，融合了5G技术和MEC技术的智慧工地平台还可以利用互联网将采集到的信息传输至本地监控端、PC端、移动端等多种终端上，实现多终端展示、多层级监督。

1. 5G+MEC网络能力建设

（1）5G网络搭建

根据中国通信院发布的2022年第一期《全国移动网络质量监测报告》，现阶段我国5G网络搭建情况基本如下：

- 我国5G网络的平均下行速率为334.98Mbps，而4G网络平均下行接入速率为39.02Mbps。

- 5G网络共有29个频段，我国使用的Sub6GHz主要包括n1、n3、n28、n41、n77、n78、n79等7个频段。
- 根据第三代合作伙伴计划（3rd Generation Partnership Project，3GPP）制定的5G标准，5G的频率范围可分为FR1和FR2两部分。其中，FR1指的是6GHz以下的频段，具体频率范围为450～6000MHz；FR2指的是5G毫米波频段，具体的频率范围为24250～52600MHz。
- 5G网络的天线通道数为256个。

（2）MEC平台能力建设

在边缘节点的MEC平台上，前端网关可以借助专用接入点（Access Point Name，APN）的物联网卡接入网络，同时，在网络链路中，5G网络结构核心网侧可以借助UPF实现APN物联网卡识别功能，以便各项设备在机房或边缘网关直接存储或分析数据，并通过互联网将数据显示在终端设备上。

从路由跳转方面来看，MEC的部署能够大幅减少路由跳转次数，数据只需经过6次路由跳转就可以由设备的网关侧到达MEC机房侧；从时延方面来看，MEC的部署能够有效缩短传输路径，将传输的平均时延降至15ms左右。

2. 平台方案亮点应用

（1）现场管理可视化

相关监管部门和管理人员应加强对施工现场的监管，利用实景3D建模等手段提高工地实际施工情况的可视化程度，从而充分确保建筑工程施工的质量、安全性和高效性。同时，3D建模技术在施工现场管理中的应用还有助于多方监管人员同时对建筑工程的施工过程进行共同监管，以便为建筑施工提供多方监管数据，进一步优化施工现场管理。

- **塔吊远程操控**：智慧工地的高空塔吊上装配的超高清视频监控摄像头通过 5G 网络与 MEC 机房相连，可以将采集到的高清视频及时传送至 MEC 机房中进行处理，实现对塔吊运行情况的远程可视化实时监控，从而为塔吊驾驶员操控塔吊进行作业提供便捷，并进一步提高塔吊作业的安全性和精准度。
- **固定高清视频监控**：在智慧工地的视频监控系统中，建筑工程施工管理人员可以在智慧工地指挥中心借助 5G 网络观看 1080P 高清视频、4K 超高清视频，进而对施工现场实际情况进行全方位实时监控和管理。

（2）5G 智能移动巡检

5G 智能移动巡检解决方案中比较具有代表性的如下：

- **四足机器人**：利用 5G、MEC、网络切片等先进技术对四足机器人进行赋能不仅可以有效缩短网络时延，还能优化四足机器人的信号传输方式，实现远程视频信息回传和远程操控功能。融合了 5G、MEC 等技术并装配了视频监控设备的四足机器人能够实时采集施工现场的视频信息，并将这些视频信息传输至监控中心，工地管理人员可以远程操控四足机器人对工地进行巡检，以便及时掌握工地的施工情况，不仅如此，工地管理人员还可以利用装配了徕卡点云扫描仪的四足机器人对建筑工程施工现场进行巡检，从而全方位掌握建筑工程三维数据，提高监管的有效性。
- **5G 智能头盔**：5G 智能头盔系统是一种融合了 5G、大数据、物联网、云计算、空间定位等多种技术的移动视频监控，主要包括云端管理系统、前端控制系统和智能头盔终端三部分。5G 智能头盔具有定位、感知、预警、音频回传、视频回传等多种功能，其在智慧工地的巡检工作中的应用可以实现对施工现场的感知、分析、服务、指挥和监管，有助于建筑工程施工管理人员及时发现并解决施工现场存在的问题，从而充分保障建筑施工的安全。

- **5G 智能眼镜**：5G 智能眼镜具有便携、可移动、智能化、无线接入等诸多优势，其在智慧工地的巡检工作中的应用能够为建筑施工人员与管理人员之间的远程协作提供便捷。具体来说，建筑施工人员可以通过 5G 智能眼镜与管理人员进行沟通交流，提高工作的协同性，且 5G 智能眼镜是一种无须手持的视频监控设备，因此，5G 智能眼镜的应用还有助于作业人员将全部精力集中到工作当中，有效避免出现因分神造成的安全事故。同时，5G 智能眼镜还可以存储第一视角画面，并生成巡检日志。

- **AI 智能识别**：基于 5G 网络和高清视频监控技术的 AI 智能识别应用能够对施工现场的监控视频进行实时分析，进而及时发现安全隐患并发出警告。

（3）区块链钢构件溯源系统

基于区块链的钢构件溯源系统是一种由施工方服务器、运输方服务器、加工方服务器、监管部门服务器构成的钢铁产品质量管理系统，该系统中的每个钢构件都有专属编号，系统可以通过编号连接钢结构工程的 10 个环节，这 10 个环节中的每个公司都是区块链中的节点，系统会利用这些节点来搭建钢结构溯源管理联盟链，并将相关文档、生产信息等上链存储，同时强化权限控制，提高钢构件溯源系统中信息的安全性、可靠性和可信性。因此，区块链钢构件溯源系统在建筑领域的应用能够实现建筑钢构件和转配式建筑构件在全国范围内的溯源管理。

第 11 章
智慧园区：助推智能制造转型升级

"5G+智慧园区"的应用方案

智慧园区是指利用物联网、大数据、人工智能、云计算等先进的技术，为园区的运营、管理、安全、服务等环节赋能，从而全面提升园区的运营和管理效率，提高园区的综合安防水平，实现精准化的服务，最终打造数据和技术驱动的新型智慧园区。

近年来，我国的智慧城市建设进程不断加快，智慧园区作为智慧城市的一部分，其高效建设有利于推动智慧城市快速落地。智慧园区的类型有很多，包括工业园区、产业园区、物流园区、科技园区等，其中涉及的应用场景也十分广泛，包括远程管理、无人驾驶、物流追踪等，这些应用场景能够大幅提升园区的运作效率，同时可以有效节约园区运营成本。随着社会的不断进步，各类应用场景的需求持续增长，这对相关的网络、设备等基础设施的性能提出了更高的要求。

5G 技术具备诸多优势，将其应用于智慧园区中，可以进一步提升各类应用场景的运行效率，进而提升智慧园区的运行质量。例如，在无人驾驶场景中，车辆可以基于 5G 网络与其他车辆、道路设施等实现信息实时交流互动，从而大幅提升行驶的安全性。

5G 技术在智慧园区中的应用场景非常广泛，涉及智慧管理、智慧安防、智慧展示、智慧交通等多个领域，具体体现在以下几方面，如图 11-1 所示。

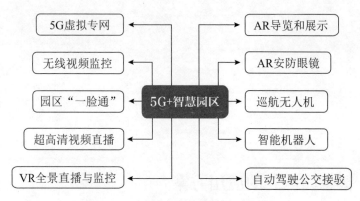

图 11-1　5G 技术在智慧园区中的应用

（1）5G 虚拟专网

在智慧园区内应该建设全域覆盖的 5G 网络基础设施，并全面接入本地服务。5G 可以实现园区内各领域、各部门、各设备之间的互联互通，从而实现海量数据的实时互联共享，提升智慧园区的运行效率。另外，与传统的 Wi-Fi 网络相比，5G 网络性能更强大，建设成本也更加低廉。

（2）无线视频监控

在智慧园区各个关键点应该部署无线视频监控设备，这些设备将记录的视频信息通过 5G 网络实时传输至安全管控中心，安防人员可以随时查看园区内各领域的运行情况，及时洞察并预防安全隐患，从而可以大幅提升园区安防工作的质量和效率。

（3）园区"一脸通"

在智慧园区内应该部署人脸识别设备，通过人脸识别技术精准、全面地捕捉并储存人脸信息，无论是园区内员工还是园区访客，在进行各类活动时只需刷脸即可。园区"一脸通"应用场景比较广泛，包括园区门禁、园区消费、园区会议和活动、员工考勤等，"一脸通"不仅可以提升园区管理效率，同时也能进一步提升园区的安全性。

（4）超高清视频直播

高清视频直播主要应用于园区视频宣传或视频会议等场景，5G网络具备低时延、高速率、高可靠性的优势，可以支持视频会议过程中员工的实时交流互动。

（5）VR全景直播与监控

VR全景直播与监控可以实现园区全域覆盖的实时监控，提升园区监管效率，同时还可以实现移动直播、远程管理等功能。

（6）AR导览和展示

AR技术可应用于智能园区沙盘系统中，用户可以通过佩戴AR设备沉浸式地模拟控制和管理园区的各个场景，从而既可以帮助园区管理人员提升管理效率，又可以为访客带来极致的参观体验。

（7）AR安防眼镜

AR安防眼镜是一种基于AR、人脸识别、文字识别等技术的智能监控设备，可以智能捕捉和收集园区内人脸、车辆等信息，并实时将这些信息与园区数据库进行比对，当发现陌生人员或陌生车辆时及时预警，避免不必要的风险，提升园区安防效率。

（8）巡航无人机

巡航无人机可以通过5G网络同时与控制中心和园区管理中心实现实时互联，可以实现园区内的全方位拍摄和监控，并将捕捉的视频或图片信息实时、全面地传输至园区管理中心，管理人员可基于这些信息采取合理的措施提升园区管理效率。

（9）智能机器人

基于5G技术的智能机器人具备多项优越的性能，包括智能巡检、精准导航、安全监测等，基于这些功能，智能机器人可以辅助管理人员开展智能化的园区管理，也可在工厂流水线上参与生产活动。

（10）自动驾驶公交接驳

园区内公交的自动驾驶系统可以通过5G网络与道路交通设施和用户智能终端进行实时互联，从而对车流量、道路状况、用户出行需求等信息进行实时、全面、精准收集和分析，并基于数据分析结果智能规划接驳路线，提升交通出行效率和人们的出行体验。

5G园区赋能工厂数字化转型

未来，在5G网络环境下，智慧园区管理将向着数字化的方向发展，大部分管理决策将基于大数据分析来实现。智慧园区管理系统会将园区的历史运行数据和实时运行数据以报表、图表等形式展示出来，为管理部门推送其需要的各类数据（包括访客进出数据、巡逻车运行数据、系统运行数据、环境监测数据、办公能耗数据、园区运维人力投入数据、消防检查数据、企业用水数据、企业物流数据等），支持管理部门基于数据分析结果制定科学的管理决策，提高园区管理质量，打造一个更优质的园区环境。

智慧园区的建设目标就是以园区信息化建设为基础，借助机器人、无人机、高清摄像机、各类传感器等设备以及大数据分析系统、云控制中心等工具，提高园区管理的智能化水平，减少园区管理对人力资源的需求，从而降低人力成本与管理成本，为园区内的企业与人员提供更优质的服务。总而言之，智慧园区管理是全方位、多层次的管理，但因为园区规模一般都比较大，所以实现难度比较大。

5G网络的出现为智慧园区管理提供了极大的便利。5G凭借高速率、广连接等的特性能够构建一个泛在感知网络，帮助管理者轻松获取园区运行过程中产生的各类数据，为园区的安防监控、产业服务、交通管理等提供支持与辅助，提高园区的管理效率、服务水平、应急事件处置能力以及科学决策水平，进而提高园区的服务效率以及园区管理的智能化水平，并降低管理成本。

随着 5G 用户越来越多，人工智能、大数据、云计算、边缘计算等技术不断成熟，相关应用不断完善，智慧园区领域将出现一系列新技术、新应用、新业态，为园区管理提供更多有价值的工具，助力园区管理变得更加科学、高效，让园区在实现节能运行的同时为企业提供更优质的服务、创造更大的价值。

在园区内，工厂是生产活动的主要场所，随着智慧园区的建设，工厂也需要进行智慧化变革。5G 技术的应用将加快智慧工厂建设的步伐，同时也会持续推动智慧工厂不断升级优化。

智慧工厂是在数字化工厂的基础上进行的升级迭代，它利用人工智能、物联网、设备控制等先进技术为数字化工厂赋能，对既有的信息化、数字化生产、管理和服务环节进行升级改造，充分发挥数据资产的价值，实现数据和技术驱动的生产、管理和服务模式，全面提升工厂各环节的效率，最终打造绿色环保、环境舒适、高效安全的工厂。

5G 技术为智慧工厂赋能，一方面可以结合大数据、云计算等技术提升工厂系统的数据存储和数据处理能力，工厂系统可以通过对订单数据的分析来制定科学的生产决策，推动生产资源优化配置，大幅提升生产效率，并降低生产成本，同时还可以根据数据分析结果掌握客户的个性化需求，从而实现个性化生产；另一方面还可以结合人工智能、物联网等技术创建强大的工业互联网架构，工厂系统可以依托智能化的工业互联网架构打通工厂内部、工厂与工厂之间的信息连接，实现工厂内外信息的实时共享交流，进一步提升工厂运行效率。

随着技术的进步和产业的发展，"5G+ 智慧园区"模式将成为未来园区发展的必然趋势，基于 5G 技术的智慧园区不仅生产效率高、运转成本低，能够为推动国民经济快速、高质、高效发展做出巨大贡献，而且其在运营过程中产生的污染物排放量较低，非常符合当前绿色发展的战略，是加快落实"碳达峰""碳中和"目标的重要途径。目前，我国很多知名企业已经开始建设 5G 示范园区，如华为集团的数字智慧园区、中国联通与首钢集团合作共建的首钢 5G 产业园区、电子城与中国铁塔合作共建的 5G 生态示范园区等。未来，我国基于 5G 技术的智慧园区数量将持续增加，并推动国民经济实现绿色、高效、可持续发展。

基于 5G 大数据的园区数智化运维

近年来，我国持续推进 5G、互联网等新型基础设施建设，不断加快 5G、大数据等新兴技术的发展和应用速度，推动大数据产业高质量发展，这不仅创造出巨大的大数据应用需求，有效拓宽了大数据应用的市场边界，也有效推动了大数据产业升级。大数据技术在产业园区的应用有着多样化的应用场景，能够在关于园区建设、园区管理的多个方面发挥重要作用。

由于产业园区的业态和主体均具有多样性的特点，因此园区既要集中管理各项资源，广泛采集各项相关数据，促进数据信息交互，也要优化服务，加强条块联动融合，实现整个产业园区的一体化管理。为推动产业园区快速发展，提高整个园区的运作效率、服务质量和协调性，增强园区的核心竞争力，产业园区应充分利用大数据技术和海量数据资源，充分发挥数据价值，打造安全、舒适、高效、绿色的智慧园区。

1. 5G 大数据在智慧园区中的应用价值

产业园区应利用大数据、物联网、云计算和人工智能等现代信息技术和 5G 网络来构建园区的综合运营管理平台,也就是园区大脑,进而达到提高园区运营的智能化程度的目的。具体来说,5G 和大数据在智慧园区运营管理中的价值主要体现在以下三个方面,如图 11-2 所示。

图 11-2　5G 和大数据在智慧园区运营管理中的价值

(1)提供安全保障

有效的安全管理是产业园区实现安全生产的基本保障,因此产业园区应加强安全管理,在园区大脑中整合各个应用平台,提高管理的系统性和整体性,并构建完善的园区安全体系,利用大数据预测等技术提前预测,灵活调度各项资源对安全事件进行处理,进而提高园区的安全事件应对能力和处理水平,实现事前预警、事发告警、事中跟踪和事后分析,最大限度减少损失,充分保障园区安全。

(2)赋能统筹管理

产业园区的运营方可以在园区大脑中心统一管理园区的企业资源、空间资源和设施资源等各类资源,全方位了解整个产业园区在企业分布、企业规模和公共资源等多个方面的具体情况,并以实际掌握的各项信息为依据进行管理和决策。

（3）支持企业发展

大数据在产业园区的应用不仅能够针对园区企业的实际情况为其匹配到当地的相关政策文件，从而为企业的发展提供政策支撑，还能驱动园区企业的核心业务快速发展，并对各行各业的发展趋势进行精准的分析，让园区企业能够实时掌握自身产业的发展情况、政策变化、市场空间、上下游产业链的发展情况等信息，从而为企业发展提供支持。

2. 5G 大数据在智慧园区中的应用场景

（1）智慧运营，优化服务

大数据技术在产业园区中的应用有助于提高园区运营的智能化程度，为园区运营方采集、分析、处理和应用各项数据提供方便。例如：

- 在园区招商引资方面，园区运营方可以利用园区企业数据模型来判断当前招商政策的合理性和有效性，发现其中的不足之处并及时进行优化。
- 在园区能耗管控方面，园区运营方可以通过对各个能耗模块的能源利用情况进行实时监测和分析来强化能源管理。
- 在设施管理维护方面，园区运营方可以通过对设施运行数据的统计和分析提高设施故障诊断和检修周期预测的精准性，进而在简化设施管理工作的同时延长设施使用寿命。

除此之外，大数据在产业园区的应用还能为发展园区夜间经济、优化园区服务、提升运营服务价值等提供有效支持。

（2）构建园区企业的经营画像

对产业园区的企业来说，可以通过用能数据分析和企业历史经营数据分析来量化企业价值、统计分析能耗情况、评估运营能力和可持续盈利成长能力，进而提高企业价值。不仅如此，园区企业还可以利用产业数据模型来优化产业规划布局，在产业和企业之间架设互相支撑的桥梁，助推园区产业和企业共同发展。

（3）构建园区公众画像

产业园区内安装了大量传感设备，这些传感设备能够采集公众的移动轨迹信息，并将这些信息传输至园区运营平台中用于生成公众画像，产业园区可根据公众画像对园区的公共设施、物业管理、商圈服务等进行完善，提高公众对园区服务的满意度，从而增强人才吸引力，助力企业引才留才。

综上所述，产业园区建设与园区企业发展息息相关，融合了 5G、大数据等先进技术的产业园区具有更高的智慧化程度，能够大幅提高园区的服务质量和服务水平，为产业发展和运营管理提供强有力的支撑。

第 12 章
5G、大数据在智能建筑中的应用路径

智慧选址：制定科学的选址决策

大数据是指从各个领域、不同渠道搜集海量数据，并对其进行整合分析、加工处理，最终输出对企业经营决策有借鉴价值的资料信息的一种新型数据发展形式，具有容量巨大、种类繁多、速率高超、可变性、真实性、复杂性、高价值输出等特征。

对企业而言，大数据是一种不可替代的资产，随着云技术的不断升级和应用，诸多企业已经将大数据应用于各个领域的研究中。目前，我国建筑领域的行业竞争日渐激烈，加上社会水平不断提升，居民对高质量建筑的需求愈加强烈，建筑领域专家开始推行智慧建筑模式，国家也开始注重智慧建筑的建设，并给予了相关政策和财政等方面的支持。下面我们重点阐述大数据在智能建筑应用领域所发挥的作用。

城市建筑作为城市的一项重要组成部分，与城市的环境、人文、经济等因素有着密切的联系，为确保建筑与其他城市要素的和谐发展，在选址阶段就要做足充分的调研和考量，尤其是像公共建筑、工业建筑等一些具备特殊功能的建筑，在选址时更要做到科学选址。

5G、大数据等技术在建筑选址过程中也能充分发挥效能，能够帮助

建筑商以更为科学、客观、全面、系统的眼光进行建筑地址。而建筑商与网络运营商协作，能够通过大数据技术综合当地的人口、经济、市场等相关数据，并结合建筑供需情况以及人群结构特点，对整个区域的建筑布局做出合理规划，从全局发展的角度确定各类建筑的建设地址与建设规模。

除了上述商用或民用建筑的选址之外，一些公共建筑的选址也可以利用大数据技术来完成。城市规划部门利用大数据技术，可以充分掌握当地的政治、经济、文化、科技、教育、医疗等人文社会环境要素的情况，结合5G、物联网、区块链等技术，能够准确分析出最科学合理的建筑选址，确保公共建筑能够在提升居民生活品质和便捷程度方面发挥最大效用。

总体来讲，信息化技术为社会发展带来了重大机遇，5G技术在各行各业持续扩大应用，带动各行业、各领域的智能化转型升级，成为引领新一代智慧社会发展的强大技术力量。建筑行业顺应智能化发展的潮流，在行业内部各个板块应用信息化技术，不仅能够促进建筑的智能化建设和发展，推动建筑功能的优化升级，为居民带来智能、高效、便捷的生产生活服务，而且可以提升居民的生活幸福指数，进而实现智慧城市建设的终极目标。

智慧安居：提供数字化生活服务

随着5G、大数据等一系列新兴技术逐渐成熟，并在各领域持续深入应用，推动了各行各业的智慧化转型升级。建筑行业也不例外，基于智慧城市建设的需求及居民的期望，推动建设智慧安居服务体系成为智能建筑的一个重要发展方向。

1. 智慧安防

智慧安防的建设使安全防范领域进入智能化的安防新高度，弥补了传统安防系统的缺陷，能够实现社区治安的智能化、统一化、可视化发展。这不仅顺应了智慧城市发展的需求，更能为居民提供安全有序的社会环境，达到人民安心、百姓放心的社会治理局面。

目前在我国，智慧安防体系通常包括：
- 在建筑物外部布设不同角度的监控设备以及应急防盗报警系统，以确保建筑周边区域各类资产的安全；
- 在建筑物内部的公共区域及重要场所配备高清监控设备，保障场所内财产及人员安全；
- 在建筑物的出入口安装监控系统及出入口控制报警系统，并同时加强出入权限管理。

以上安防系统的建设离不开 5G、大数据等信息技术的支撑，其中大数据能够实现海量数据的采集、分析和存储，保证智慧安防系统的高效有序运行。

2. 智慧家居

智慧家居是智慧安居服务体系建设的另一个重要方面。5G 等技术的成熟和应用，使得家居领域逐渐走向智能化，在此基础上，智慧家居的建设能够为居民的生活提供极大的便利，并与智慧社区的发展相辅相成。

基于 5G 的智慧家居体系建设依赖于家居智能管理系统，包括家庭智能通信、家庭安防系统、家庭设备自动化系统等，依托信息平台和多媒体平台进行实际操作控制，并且可以通过智能化调整满足用户的不同需求。此外，5G 等技术的持续发展以及用户需求的逐渐多样化，均推动智慧家居的应用逐渐下沉到家居布线系统、家电自动化系统、家居信息服务系统及安防系统中，促进了智慧安居服务体系的融合发展。

3. 智慧物业

物业公司的主要职责是为业主提供服务。在传统的物业管理服务中，一方面由于信息传达不到位、物业人员不足等方面的原因，物业服务滞后；另一方面由于大多数物业服务主要依靠人工完成，使得服务质量和效率较为低下，这两方面的缺陷致使传统的物业服务模式已不能满足数字化时代中业主多元化、个性化、即时性等方面的服务需求，亟须进行数字化变革。

将大数据等先进技术应用于物业管理服务中，可以将社区内居民信息、建筑信息、环境数据等收集整合，创建社区数据库，并以此建设智慧社区平台，实现业主与业主间、业主与物业间的互联。当业主有服务需求时，可以通过社区平台及时联系物业管理人员，管理人员及时安排人员上门服务；也可以通过业主间的互帮互助，共同提升服务体验。此外，物业管理部门可以在社区内安置智能传感器和高清摄像机，实时监控社区内设备的运行状态，保障社区正常运转。

在物业管理中，通常也会组织社区活动供业主休闲娱乐。在传统物业管理模式中，物业人员一般会采用在公告栏张贴纸质版公告的形式通知业主，但受时间和位置限制，很少有业主主动了解公告栏内容，因此这种形式无法达到理想的信息传达效果。在数字化的物业管理模式中，依托智能物业平台App发布相关活动通知，业主可以借助5G手机等移动智能设备接收消息，能够随时随地了解活动信息，确保信息传达的效果。

此外，物业公司也可以依托智能平台发起物业优秀员工等的线上投票活动，决出"最美物业员工"，并以此为标杆提升物业员工的工作素养。数字化物业管理模式有助于创建线上线下一体化的服务，能够号召业主积极参与社区活动，打造个性化生活服务体验。

大数据技术的应用推动了物业管理的数字化变革，带来了一系列智能化、数字化、自动化的物业服务功能，比如智能移动办公平台、OA（Office

Automation，办公自动化）系统、数字化监控、物业缴费系统、智慧停车系统等，这不仅为业主的生活带来了极大便利，而且降低了物业管理成本，提升了物业管理效率，同时，还能够推动物业管理向现代化、智能化方向持续迈进。

智慧能源：建筑绿色化、低碳化

在我国"双碳"目标实现的过程中，"十四五"时期十分关键。为了实现碳达峰与碳中和，我国政府出台了很多政策，例如《关于完整准确全面贯彻新发展理念做好碳达峰碳中和工作的意见》和《2030年前碳达峰行动方案》，并提出了很多具体的任务要求，比如推进重点用能设备节能增效、强化能源消费强度和总量双控等。

在"双碳"背景下，我国建筑行业想要实现碳减排，必须推动建筑楼宇设备的智能化升级，对建筑能耗、节能指标等进行数字化管理，同时升级建筑楼宇能源设备管理方法与模式，具体分析如下。

1. 建筑耗能预测

绿色建筑的运行能耗数据受到多重因素的影响，包括能源利用模式、设备控制参数、设备运行效率、运行环境的温度等。传统的设备运行及启停动作都是通过人工手动方式来实现的，在参数设置及运行巡检等方面必然会伴随大量问题，像参数设置不合理、专业维修知识欠缺、运营管理不到位等，这些现象都可能导致能源浪费。

在能源稀缺、环境污染严重的今天，采取绿色节能的建筑运行模式已成为必然趋势，5G、大数据等技术为其奠定了发展基础。在具体实践过程中，建筑运营方可以借助数字孪生技术创建绿色建筑的孪生模型，结合大数据对绿色建筑的海量运行数据进行采集、整合、加工，最终输出科学合理的设备参数，并通过 5G 等一系列相关技术对相关的能耗设备进行迭代升级，从而实现绿色建筑的智能化、节能化运行。

2. 提高用户舒适度

由于绿色建筑是近几年兴起的建筑运行模式，因此居民在使用过程中通常会缺乏专业指导，在使用和管理周边能耗设备时也会沿用以往的生活方式和常识，这便不能发挥绿色建筑的最大效用。

5G、大数据等技术能很好地解决这一问题，通过大数据技术可以采集并分析相关数据，掌握用户的生活方式、工作环境及能源使用习惯，而依托智能设备能够实时感知环境变化及用户需求，智能化地提供合适的能源，在节约能源的同时还能提高用户舒适度。

3. 区域能源调度

随着人们的节能环保意识逐渐增强，我国各地区逐步开展基于 5G 的绿色建筑建设。但在不同地区，甚至是同一地区的不同城市，绿色建筑的运行效果和能源消耗都会有较大差异，因此相关工作人员可以将绿色建筑进行分类比较，分析挖掘同类建筑在各地区、各城市的不同运行参数，并整合出更加科学环保的建筑运行策略。

借助 5G、大数据等技术，能够对建筑的运行数据、能耗数据以及设计差异等数据进行收集和分析，再结合各地区不同的地理环境、人文环境、能源存量及经济发展状况等，便可以输出最适宜的绿色建筑运行规划，提升绿色建筑的整体效能。

4. 绿色建筑高效建设与科学运转

在绿色建筑建设过程中，传统的数据分析方法虽然可以完成模型的设计、绘制和施工，但是由于各类指标的影响因素众多且复杂烦琐，因此真正实现模型落地实施还存在较大难度，且完成后的运行效果也可能不尽如人意。但如今，5G、大数据等新兴技术的应用可以巧妙解决这一问题，通过大数据技术能够捕捉各项指标的关键参数，运用主成分分析法等分析方法对各项关键数据进行分析和类比，从而优化设计方案，实现绿色建筑的高效建设和科学运转。

随着5G、大数据等技术在各领域不断渗透融入，绿色建筑逐渐在全国范围内得到推广和普及，在大环境驱使下，能耗意识逐渐深入人们的思想，越来越多的学者及研究人员倡导利用大数据技术完善绿色建筑运行的各类数据，并据此为预测能源消耗、优化方案设计、合理调度能源、提升用户舒适度等活动提供科学完善的决策参考，从而实现真正意义上的绿色建筑。

第四部分 | AIoT+ 智慧建筑

第 13 章
AI+ 智慧建筑：重塑建筑工程价值链

"AI+ 智慧建筑" 的概念与未来方向

近年来，随着国家新型城镇化进程的不断推进和经济社会智慧化的转型升级，国家高度重视数字经济、智慧城市、云计算、大数据、物联网、人工智能、智能制造等方面的发展，陆续出台了一系列相关政策，以实现数字中国、智慧社会的全面建设，并着力推动建筑业向信息化方向加速迈进。

1. "AI+ 智慧建筑" 的概念

"AI+ 智慧建筑" 指的是将人工智能理论、技术、方法作为核心牵引力来实现建筑产业数字化转型升级的新形态。"AI+ 智慧建筑" 具有实时感知、高效传输、自主控制、自主学习、智能决策、自组织协同、自寻优进化、个性化定制等特征。在数字经济和智慧城市的发展推动下，AI 驱动下的建筑生态圈正呈现出持续扩大的趋势，建筑业的产业链也正不断延伸。

从人工智能角度考虑，"AI+ 智慧建筑" 产业的发展主要依赖三个方面：不断改进的 AI 理论、算法和模型；不断提升的计算能力；在大数据理论与技术的发展推动下，不断提升的 AI 模型所需的样本数据质量。

2. "AI+ 智慧建筑"的技术路径

"AI+ 智慧建筑"的应用落地,可以从软件和硬件两个维度来实现。

(1) 软件方面

一方面是智能计算模型实现结构上的类脑化,另一方面是智能计算模型实现认知和学习行为上的类人化。模型和方法的探索、改善是重点,举例而言,人的小样本和自适应学习的模拟,可以实现智能系统小样本泛化能力和自适应性的进一步增强。

(2) 硬件方面

主要以诸如深度学习加速器等新型机器学习计算芯片的研发为主。2016 年,谷歌公司推出的 TPU(Tensor Processing Unit,张量处理单元)在推理方面的性能要远高于 GPU,即平均比当前的 GPU 或 CPU 快 15～30 倍,性能功耗比要高出约 30～80 倍。

3. "AI+ 智慧建筑"的发展方向

"AI+ 智慧建筑"产业的未来发展方向主要包括以下几个方面,如图 13-1 所示。

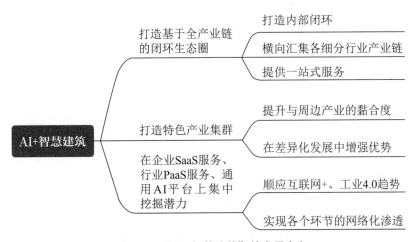

图 13-1 "AI+ 智慧建筑"的发展方向

（1）打造基于全产业链的闭环生态圈

首先，基于建筑业各细分领域，实现垂直细分行业协同平台及产业互联网系统的全面构建，在每一个领域实现生产、销售、物流、消费链一体化，打造内部闭环；其次，横向汇集各细分行业产业链，实现网状全行业产业链生态圈的有效打造。

当前，不管是综合型平台还是垂直细分平台，都应着力打造基于全产业链的闭环生态圈，全面提供便捷、高效、全方位、全产业链的一站式服务，努力实现 B2B（Business to Business，企业对企业）交易的闭环。

（2）打造特色产业集群

将产业链作为重心，把重点行业和特色产业当作根基，不断提升与周边产业的黏合度，着力构建更大体量的、特色鲜明的产业集群，在差异化发展中增强自身优势。比如，在具体实践中，构建产业集群 B2B 电商平台，聚拢商家、货源、流通体系，对线上线下资源进行整合，实现整个产业集群由简单的空间集聚转变为产业化、专业化的空间集聚，便于上下游、集群内外形成良性互动。

（3）在企业 SaaS[❶] 服务、行业 PaaS[❷] 服务、通用 AI 平台上集中挖掘潜力

在互联网+、工业 4.0 的纵深化发展推动下，"AI+智慧建筑"产业应该打造基于研发、生产、交易、流通、融资等各个环节的网络化渗透，实现效率的提升、资源的优化配置，这既是未来发展的必然趋势，也是产业链的互联网化。在这种趋势的引领下，大数据分析模式下的 SaaS 服务、行业的 PaaS 服务以及通用 AI 平台也将获得爆发式增长，成为包含巨大潜能的"蓝海"。

[❶] SaaS：软件即服务，英文全称为 Software as a Service，指通过 Internet 提供软件服务的模式。

[❷] PaaS：平台即服务，英文全称为 Platform as a Service，指将服务器平台作为一种服务的商业模式。

全球工业 4.0 研究开发及产业化热潮的到来,加速了"AI+ 智慧建筑"研究、开发、落地的发展进程。建筑领域对节能、智能、高效、舒适、便捷的需求迫切,而人工智能是助力建筑领域实现这些需求的关键技术。未来,"AI+ 智慧建筑"将进一步深度应用于城市治理、环境治理和社会治理中,并发挥出更大的价值。

"AI+ 智慧建筑"的关键技术

随着智能化时代的到来,AI 技术与智慧建筑的融合应用逐渐成为建筑业发展的重要方向。在信息技术和计算机技术深入应用的基础上,将 AI 技术应用到智慧建筑中能够有效增强人与计算机之间的交流互动,大幅提高人与建筑进行信息传递的速度,从而为智慧建筑的高效控制提供技术支撑(如图 13-2 所示),并提升建筑的智能化水平。

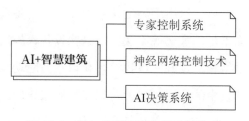

图 13-2 "AI+ 智慧建筑"的关键技术

1. 专家控制系统

专家控制系统是一种基于知识的智能计算机程序系统,也是一种人工智能技术应用,通常由知识库、数据库、推理机、解释和知识获取五部分组成。

具体来说,专家控制系统能够通过自我学习和自我知识积累构建专家控制数据库,并充分利用各项数据库信息实现对系统的全面控制。不仅如此，由于专家控制系统具备专业知识和经验丰富的知识库和知识模型，因此，当智慧建筑中出现问题时，专家控制系统可以利用知识表达技术分析知识库中的各项数据信息，并根据分析结果制定有效的问题解决方案，从而实现应用知识和技术来解决问题，并大幅提高问题处理效率。

与其他的控制系统相比，专家控制系统能够充分利用知识模型和数学模型来实现控制技术与知识信息处理技术的综合运用，并以智能化的方式对服务系统、业务系统、用户管理系统等各个系统进行高效控制。

2. 神经网络控制技术

神经网络控制技术是一种通过利用神经网络技术进行神经网络辨识以实现系统控制的技术。神经网络控制技术能够通过集成大量简单的处理单元来搭建复杂网络系统，并应用于智慧建筑当中，提高智慧建筑在图像处理、语音识别等方面的智能化程度，实现智能化的自我学习、自我适应、功能设计、结构完善等功能。

智慧建筑中装配着大量用于满足其管理需求的设备设施，如果智慧建筑的智能控制能力不足，那么就无法保障这些设备设施运行的安全性和稳定性。由于神经网络具有良好的自我学习和自我适应功能，因此神经网络控制技术在智慧建筑中的应用能够为智慧建筑的系统控制和设备管理提供强有力的技术支撑。除此之外，神经网络系统还具有结构简单、技术难度低、运行速度快等优势，因此神经网络系统与智慧建筑的融合还可以大幅提高控制系统的灵敏度。

3. AI 决策系统

随着大数据、互联网等新一代信息通信技术的快速发展和人工智能技术的广泛应用，各个领域的数据量迅速增长。如何利用智能化的技术和应用来高效收集、整理和分析数据已经成为影响行业未来发展的关键性问题。在智慧建筑领域，集管理、计算机技术和人工智能技术于一体的智能决策系统的应用能够推动智慧建筑向绿色环保方向发展，提高智慧建筑发展的可持续性。

智能决策系统融合了管理决策和控制两方面的功能，能够通过优化智能模型的方式来提升智能建筑的管理质量和管理效率，并扩大管理范围，减少系统中存在的问题，提高智能化系统运行的稳定性，从而实现智能化决策水平和人工智能应用水平的提升。

总而言之，从智慧建筑的发展现状和当前存在的问题上来看，人工智能技术的应用能够在一定程度上解决智慧建筑面临的问题，并推动智慧建筑创新发展。但目前我国智慧建筑中的专家控制系统、神经网络系统和决策系统的应用技术水平还有待提高，因此，我国应加强智慧建筑的智能化系统建设，提高智能化技术的应用水平，并利用完善的智能化系统和先进的智能化技术推动智慧建筑高质量发展，从而为人们提供舒适、健康的生活环境，加快推进我国建筑业实现绿色可持续发展。

"AI+智慧建筑"的典型应用场景

"AI+智慧建筑"的核心应用场景众多，主要包括：建筑物故障诊断预测与健康管理、建筑环境舒适节能智能控制、建筑能源互联网及能源大数据、建筑施工机器人、建筑维保机器人、保安巡逻机器人、消防机器人、基于深度学习的智能视频分析、出入口生物特征识别、智慧家庭、智慧社区、智慧工地、装配式建筑、BIM项目管理、智慧管网（廊）、智慧轨道交通、智慧隧道桥梁、智慧停车场、数字孪生建筑、建筑VR/AR仿真与体验、建筑运维管理平台商业大数据分析、建设云、建筑共享经济、建筑群体智能、建筑设计智能、建筑规划智能、房地产精准营销、建筑企业两化融合与智慧化管理等。

下面，我们就简单介绍其中的两个典型应用场景。

1. 建筑物故障诊断预测与健康管理

建筑物故障诊断预测与健康管理（Building Prognostic and Health Management，B-PHM）是 AI+ 智慧建筑的典型应用场景。通过 BEMS[1] 数据库的大数据 AI 处理，B-PHM 得到进一步实施，以实现复杂建筑设备的全生命周期的故障诊断、预测、健康状态评估和健康管理。同时，B-PHM 可采用神经网络（分类）、强化学习、贝叶斯（分类）、K-均值（聚类）、马尔科夫（预测）、专家系统等 AI 算法模型对故障树检索系统、故障预测系统和健康管理系统进行研发。

例如，将神经网络专家系统作为 AI 算法模型，能够对空调水系统进行智慧故障诊断与预测。其中，神经网络技术是核心，可以以此实现空调水系统专家系统的建立，并在专家系统的相关经验基础上完成解释、预测等工作。

2. 基于深度学习的智能视频分析

智慧建筑的视频监控可借助目前广受欢迎的深度学习算法实现人类视觉系统的多尺度、特征不变性、显著性等特点的模拟，从而便于智能视频的分析理解。作为当前深度学习使用最广泛的神经网络，卷积神经网络（Convolutional Neural Networks，CNN）可以实现非结构化的图像数据向结构化的对象标签数据转换。

其工作流程分以下几个步骤：

- 第一步，卷积层对图像进行扫描输入，便于生成特征向量；

---

[1] BEMS：全称为 Building Energy Management System，即建筑物能源管理系统，是随着建筑物管理系统 BMS（Building Management System）发展而来的。

- 第二步，激活层对图像推理过程中需要被激活使用的特征向量进行确定；
- 第三步，利用池化层来降低特征向量的大小；
- 第四步，基于全连接层实现池化层的所有输出与输出层进行有效衔接。

训练速度和算法的执行速度是影响、制约深度学习产业化应用的一个重要难关。目前，深度学习加速器主要包括图形处理器 GPU、专用神经网络计算芯片和大规模运算核集联三种。在芯片和算法技术的发展推动下，深度学习在智慧建筑中的广泛应用指日可待。

基于 AI 技术的建筑全生命周期应用

作为第四次工业革命的代表性技术之一，AI 在各行业、各领域中发挥着重要的作用。就建筑领域而言，AI 凭借其技术特性，有望为传统的建筑行业赋能，重构建筑业新形态，具体表现在建筑规划、设计、施工和运营决策等方面，如图 13-3 所示。

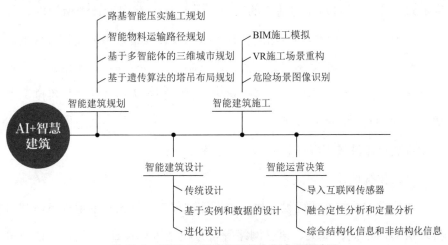

图 13-3　基于 AI 技术的建筑全生命周期应用

1. 智能建筑规划

智能规划就是根据目前掌握的资源、可使用的建筑手段、对环境和目标的分析结果和各项限制条件进行推理，并制订规划。

一般来说，城市建筑智能规划主要涉及计算机辅助设计（Computer Aided Design，CAD）、智能交互、人工智能等技术，能够促进智能算法的演化。在实际应用方面，智能规划主要包括路基智能压实施工规划、智能物料运输路径规划、基于多智能体的三维城市规划、基于遗传算法的塔吊布局规划等。

2. 智能建筑设计

智能设计就是利用具有智能化特点的计算机来代替人完成各项复杂的设计工作。智能设计系统的关键技术主要包括：智能化人机接口，设计知识表示，设计过程的再认识、再设计与自学习机制，多专家系统协同技术，多种推理机制的综合应用等。

AI 系统下的生成设计（Generative Design，GD）在制定开发设计方案的过程中，利用事先建造好的建筑图数据库来获取设计中所用的大数据，基于设计师和工程师传输的各种参数和设计风格，生成设计排列组合制定解决方案，在机器学习算法的作用下制定出所有的设计预案，以寻求最合理的设计方案。为更进一步优化方案设计、增大设计的选择维度，生成设计可与人工智能有效融合。

智能设计系统大致可划分为以下三个层次：

（1）传统设计

智能设计系统在明确设计属性、设计过程、设计策略的前提下，利用推理机调用规则、框架、语义网络等符号模型进行设计，日本 NEC 公司的 Wirex 系统和华中理工大学研发的压力容器智能 CAD 系统等都属于传统设计系统。

（2）基于实例和数据的设计

针对这一设计层次的研究大致可分为两种，一种需要收集大量设计示例进行比较，并从中获取有用的数据信息来辅助当前的设计；另一种需要借助机器学习、贪心算法❶、概率推理、人工神经网络数值处理等多种先进的技术手段从试验数据和计算数据中提取与设计相关的隐性知识，进而利用这些隐性知识来辅助完成设计。

（3）进化设计

进化设计就是以生物界中的自然选择和自然进化规律为参考进行智能设计，常用算法包括蚁群算法、遗传算法、粒子群优化等，实际应用主要包括设计生成、自动合规检查、人工智能施工图会审等。

在建筑设计阶段，作为一种数据化工具，BIM 为建筑设计的优化升级注入了新动力。BIM 虽然在建筑设计阶段应用范围越来越广泛，但由于其智能化水平尚未达到一定标准，无法实现更好的应用。当前，阻碍 AI 在建筑设计阶段应用的主要原因是建筑设计的智能化水平低、数据和算法未实现有效利用。未来，在时代发展推动下，BIM 将实现更为深入的应用，与建筑设计相关的数据将实现最大有效应用，机器学习算法将深入发展，基于 AI、人工智能的新算法建筑生成设计将具有广阔的发展前景。

3. 智能建筑施工

智能建造技术在建筑施工阶段发挥着极其重要的作用，能够充分利用 BIM 施工模拟、VR 施工场景重构、危险场景图像识别等相关智能技术，为建筑施工打造一个安全、智能、稳定的环境，达到安全建造的目的。

为进一步实现智能建造在建筑施工中的应用，智能建造技术应当充分运用工业 4.0 思维，向更深层次发展。数字孪生是工业 4.0 的一项关键技

---

❶ 贪心算法：也叫贪婪算法，具体是指在对问题求解时总是做出在当前看来是最好的选择。

术，凭借自身技术特性可以广泛应用于建筑施工阶段，将各种监控设备、传感器置于建筑中，实现数据的采集与分析，并在 BIM 和相关分析系统的基础上建立建筑 CPS，实现虚拟模型与物理环境的高效协同。未来，工业 4.0 将逐渐赋能智能建造，推动建筑业向智能化、信息化发展。

此外，近年来，在人工智能技术的发展推动下，工程结构健康监测系统（Structural Health Monitoring System，SHMS）实现了新的发展。它将各种新技术与工程结构健康监测系统深度融合，推动建筑领域向更深层次、更高质量发展，是未来建筑施工智能化发展的重要趋势。

4. 智能运营决策

在建筑运营阶段，将各种互联网传感器导入采暖、照明、空调等关键设备中，能够实现各种数据的收集与分析，之后在人工智能系统的帮助下全面了解、把握建筑的使用性能，以助力建筑物管理者制定出科学、合理的运营方案，提升运营效率，缩减运营成本。

借助 AI 技术，建筑工程人员能够综合运用知识库、模型库、数据库、数据仓库、数据挖掘和在线分析处理技术，利用专家系统进行定性分析，利用决策支持系统进行定量分析，通过知识推理和模型计算来实现定性分析和定量分析的有机融合。

此外，建筑工程人员还可以对采集的图像、视频、多媒体、地质环境、物联网感知、BIM 等多种结构化信息和非结构化信息进行智能检索和实时分析以获取有价值的学科知识，从而达到提高决策的智能化水平和优化施工流程的目的。

我国高度重视信息技术与可再生能源的融合发展与应用，其中典型的是"能源互联网"的打造。在建筑领域，人工智能技术的加入将为建筑与可再生能源的进一步融合提供关键技术动力，"智慧能源互联网"将成为现实。

第 14 章
落地路径：基于 AI 的智能建筑运营

智能控制：AI 监控与照明系统

科学技术的快速发展改变了人们的生活方式和工作方式，其中基于 AI 的智能建造技术的应用能够有效优化人们的生活环境，提高人们的生活质量。对建筑行业来说，智能建造技术能够在一定程度上推动建筑方式革新，大幅提高建筑技术的智能化水平，同时也可以加快传统建筑向智能建筑转型的速度。

智能建筑是一种集成了智能化控制系统和多种信息设施系统的建筑物，与传统的建筑物相比，智能建筑具有更多样化的功能和更高的安全性、环保性、舒适性、便捷性，能够为人们带来更加优质的生活体验。

也可以说，智能建筑是一种融合了智能技术的建筑。具体来说，智能建筑能够通过在建筑设计和建筑建造等环节中融入智能技术来对建筑的各项功能进行科学合理配置。与此同时，智能建筑还可以优化资源配置和功能体验，削减建筑物所需的能源支出，提高建筑物建造的安全性和建筑物功能的丰富程度。由此可见，智能建造是促进我国建筑业创新发展的新动力。

1. 智能通信与系统监控

由于智能通信与监控系统的性能远高于传统的智能监控系统，因此智能建筑在建筑物监控和功能调节等方面的水平也远高于传统建筑。

在建筑物监控方面，智能建筑能够利用基于安全监控技术的自动化安全监控系统实现全天候自动化视频监控；在功能调节方面，智能建筑能够及时根据用户需求对建筑区域的空气质量、绿化情况等进行控制和调整，并通过数据检测、数据分析和信息反馈等手段来改善用户体验。

2. 智能照明

随着建筑物电气技术的进步，智能照明系统的功能变得越来越多样化，智能照明应用的性能也越来越高。现阶段，融合了 AI 技术的照明设备已经能够实时监测人的行为状态，并以此为依据自动调节灯光的照度和强度，从而提高光电能源的利用率，避免能源浪费，减少光污染，达到节能环保的目的。智能照明的发展在很大程度上得益于语音识别、图像识别、自然语言处理等技术的发展，具体分析如下。

（1）语音识别

在智能照明所依赖的各项技术中，语音识别是一项基础技术，其赋予了照明系统识别语音、将语音信号转变为相应的文本或命令、按照语音指令做出相应的反应的能力。作为一项发展比较成熟的技术，语音识别展现出了良好的市场价值与广阔的应用前景，吸引了广泛关注。

（2）图像识别

图像识别技术的应用可以弥补智能照明系统存在的很多问题，赋予智能照明系统根据室内的亮度以及人员情况自动控制灯具开关的能力。具体来说就是，在图像识别技术的辅助下，智能照明系统可以在室内光线不足且有人的情况下自动开灯，而且可以根据人员所在的位置控制开灯的位置，根据室内人员数量确定开灯的数量等。

(3) 自然语言处理

自然语言处理就是利用计算机对人类的语言进行分析，让计算机具备类似人的语言能力。具体到智能照明系统领域，自然语言处理技术可以赋予智能照明系统理解人类语言的能力，支持用户通过语言"唤醒万物"，享受到更自然的人机交互体验。

3. 智能电梯监控技术

智能电梯监控技术在智能建筑中的应用能够监控电梯的人员进出情况，并自动识别、分析进出人员，进而根据人员需求自动控制电梯运行，满足人们对电梯的安全性、舒适性和智能化的要求。

现代化的智能建筑能够综合利用物联网、人工智能等技术手段实现对办公室、会议室等各个区域以及照明系统、空调系统、视频会议系统、视频电话系统、主场可视视频传输系统等功能系统的全方位实时监控，并对建筑物的各项功能进行合理配置，从而进一步提高资源的利用率，达到节能环保的目的。

现阶段，我国的智能建筑的部分结构或功能已经具备一定程度的智能化，但在技术方面，还需要进一步创新发展。近年来，随着科学技术的飞速发展，各种新兴技术、新工艺和新产品遍地开花，这都大大推动了智能建筑技术的快速发展和落地应用，在未来，人们将可以随时随地与智能建筑进行信息交流，并对智能建筑的各项功能进行自动化控制，进而提高生活的智能化、绿色化水平，并达到生活便利、节能环保的目的。

公共服务：赋能智慧社区美好生活

随着人工智能技术的进步，网络互联逐渐成为智能建筑发展的重要方向。智能建筑可以利用网络互联技术实现建筑内部功能、智能家居等之间的互联互通以及对建筑外部活动区域的照明、绿化和空气质量等情况的全面监测，并监控和分析业主习惯、业主偏好和人员活动等信息，让业主也能够借助网络对建筑物进行实时监控和远程控制，从而为业主的生活提供更多方便。

1. 智能安全管理

智能安全管理是一种通过融合门禁系统和人脸识别、出入控制、智能监控等多种智能化技术来提高建筑管理水平的管理方式。基于人脸识别、出入控制、智能监控等智能化技术的门禁系统能够监控建筑物的人员进出情况，并通过对进出人员进行人脸识别判断身份，防止无关人员随意进出，同时也会对没有录入系统的进出人员进行登记，在电子信息数据库中记录所有进出人员的身份信息，进而提高进出人员管理水平，最大限度地提供安全保障。

比如，大型企业的办公楼是较早开始使用门禁系统对进出人员进行监控和管理的建筑，对这类建筑来说，门禁系统不仅能够保障安全，还能通过设备调节实现节能降耗，由此可见，智能化门禁系统的应用有助于实现对建筑物的全方位管控，加快智能建筑技术推广应用的速度。

2. 智能空调控制

智能建筑主要通过物联网智能控制与管理来实现对智能建筑中的电力设备等设备设施的自动化管控。AI 技术在建筑中的应用能够有效降低智能建筑的温湿度调控难度，实现温湿度精准实时调节。

具体来说，智能建筑可以先利用智能感知设备采集建筑物内部各个区域的温湿度相关信息，再对这些信息进行智能化分析，然后以分析结果和舒适度标准精准调节建筑物内部各个区域的温度和湿度，从而提高建筑物内部环境的舒适性，除此之外，智能建筑也可以通过对温湿度的调节来实现节能降耗。

空调是现代建筑中的一部分，在空调中融入智能建筑技术有助于建筑物的节能降耗，推动建筑行业向绿色、智能方向发展。具体来说，融合了智能建筑技术的绿色建筑能够以集中管控为管理方式、以人工智能系统为工具全方位实时监控空调设备的具体运行情况，并采集和分析人员活动情况，根据分析结果智能化调节空调设备的运行状态，从而在保证用户拥有良好的体验的同时实现节能降耗。

不仅如此，融合了智能建筑技术的绿色建筑在管理方面还具有智能化的特点，能够及时发现设备中存在的问题，并采集相关问题信息，将问题传输至相关部门，以便设备中的问题能够及时得到解决。

3. 智能空气质量与绿化管理

居民小区的空气质量和绿化管理等问题是影响业主功能性体验的重要方面，若要确保业主拥有良好的功能性体验，那么就要将人工智能技术应用到小区的空气质量管理和绿化管理当中。

具体来说，运营方可以利用人工智能技术监测并分析小区内的绿化情况等，并以绿化苗木的喜水性、干旱情况等为依据制定绿化管理方案，从而在最恰当的时间和位置对其进行浇水、除尘等操作。与此同时，还可以利用人工智能技术采集和分析小区内部人员的活动情况和生活习惯，从而根据分析结果进一步优化小区居民的居住体验。

4. 智能家庭管理

从当前人们工作和生活的实际情况来看，大部分人的居家时间较少，因此借助人工智能技术对住宅进行管理具有一定的必要性。人工智能在住宅中的应用能够实现对水、电、气、家电、智能家具等多个部分的智能化管理，并根据业主的习惯和喜好自动开关各项功能，为业主的生活提供方便，同时也能够有效节约能源，促进建筑业绿色发展。

当住宅中出现管道破裂、电器烧毁、水电暖气未关闭等紧急情况时，建筑物中具备人工智能技术的管理系统能够及时关闭电源或阀门，并向小区物业等相关方发送信息；如果住宅内出现火灾，具备人工智能技术的管理系统则会迅速开启消防系统，从而最大限度地提高住宅安全保障水平，守护业主的生命财产安全。

能效管理：实现建筑能源精细化管控

2022年3月11日，住建部在印发的《"十四五"建筑节能与绿色建筑发展规划》中强调，到2025年，完成既有建筑节能改造面积3.5亿平方米以上，建设超低能耗、近零能耗建筑0.5亿平方米以上，基本形成绿色、低碳、循环的建设发展方式。

在政策支持下，管理者可以利用智慧能源管理手段提升建筑能源利用效率，减少资源能源浪费，实现建筑能耗的精细化管理。但目前的能耗管理工作还存在较多棘手的问题，比如：

- 表计运行效率低下，无法保障数据质量。公共建筑的水表、电表、天然气表、供热表等各类表计的数据通常采用人工摘抄的形式采集，效率低下且数据正确率无法保证，致使数据质量得不到保障。
- 能耗设备广泛且分散，监测不到位，安全风险较高。公共建筑内人员密集、能耗大，且管理难度高，缺乏全面覆盖的监测设备，存在较大安全隐患。
- 能源浪费严重，能效水平偏低。由于监测设备不全面，很多不明原因的能耗问题无法解决，另外一些低质量的能耗设备常年使用，无法提升能源利用效率。

为减少能源消耗,提升能效,简单来说,可以从两方面入手:

- **"省着用"**:管理者通常会制定能耗指标,而且每年的指标都要求比上年低,以节约资源,但很多企业或部门因为预算有限或者工作人员的专业知识有限,无法提升能效,只能通过关停一些设备来实现,显然这是一种"治标不治本"的方法。
- **"用得省"**:在建筑物运行过程中,以高精度设备代替传统设备,实现建筑集约式运行,提升能源利用效率,因此尽管能源需求增加,能耗也能维持在较低水平,从根本上节约能源。

将新时代科学技术赋能于智慧建筑,同时借鉴能源领域资深专家的行业经验,完善建筑能源管理系统,设置合理的运行参数,从根源上提升设备运行效率,做到既能保证建筑内环境保持现有的舒适效果,又能节省能源系统的运行和维护成本。

智慧建筑可以利用能源系统运行中产生的各类数据创建能耗设备运维数据库,在能耗设备的全生命周期内实现智能化管理,提升建筑管理水平,达到能源精细化管理、AI智能优化控制管理、能源设备设施智能管理的"三理"联动局面。

1. 精细化管理

利用5G、大数据等技术,可以创建能源数据精细化管理系统,在数据的采集、存储和管理方面都能达到实时、高效、精细化,并根据建筑能源不同的使用特征来分析整合各项数据,利用数据可视化工具展示能源利用效果,查漏补缺,实现建筑能源高效利用。

2. 环境监测

环境监测功能通常包括环境健康指数看板、空气质量详细监测、环境参数异常报警等。利用智能感知功能对建筑内环境数据（如室内温度、空气湿度、PM2.5、甲醛含量等）进行实时监测、展示、分析、评估和预警，确保室内环境健康且安适。

3. 电能质量监测

通过对电梯、空调、照明设备等各主要能耗设备的实时智能监测，准确收集分析耗电量数据，包括电流、电压、电功率等，掌握主要设备的用电质量，保证建筑内关键设备的正常运转。

4. 智能设备设施管理

完善建筑能耗设备设施管理体系，实现设备静态信息和动态信息的高效智能管理。静态信息管理指设备台账管理、设备零件管理等；动态信息管理指设备运行中的智能巡检、故障处理等。

5. 耗能预测

依据实时采集的能耗数据信息，结合建筑历史能耗数据，借助5G、数字孪生等现代化信息技术构建设备能耗孪生模型，从而预测建筑的能耗情况，制定能源使用和管理策略，促进能源高效利用，实现节能减排。

6. AI 优化控制

依托机器学习等技术，能够将海量历史能耗数据和建筑运行数据进行整合归纳，创建系统 AI 优化算法模型并将其投入运行，从而智能感知建筑外部环境变化和内部运行状态变化，自动优化系统运行的控制参数，提升运行效率。

第 15 章
万物智能：IoT 赋能建筑数字化转型

物联网引领建筑业数智化变革

近年来，以人工智能、物联网、大数据等技术为代表的新一代信息技术快速进步，并广泛应用于社会发展的各个领域，推动各领域朝智能化、信息化、网络化的方向迈进。其中，物联网技术是一项涉及传感器、网络、自动化、嵌入式系统的综合性技术，其应用领域十分广泛。在建筑领域，物联网技术的应用必将加快智能建筑的落地，主要应用场景包括智能家居、智能安防、建筑监管、节能减排等方面。

我国的建筑行业具备雄厚的基础，并且建筑行业在国民经济中的地位也名列前茅，但目前仍存在一些难以解决的瓶颈问题，如市场同质化严重、可持续发展能力不足等，而结合物联网技术发展智慧建筑可以有效地化解这些问题。因此，我国建筑行业应当加强新一代信息技术的应用力度，不断研发和建设具有自主知识产权的智能建筑体系，从而不仅可以进一步推动国民经济的发展、提升人民的生活水平和品质，更有助于提升我国的国际竞争力。

物联网技术对射频识别技术、激光扫描技术、全球定位系统以及各类传感设备等进行融合应用，对现实世界中的所有信息进行感知、识别、收集、共享，并通过互联网形成物与物、物与人、人与人之间的泛在连接，最终实现对物理实体或过程的智能化识别、定位、跟踪、监管等功能。可以说，物联网既是一项新兴技术，也是一项集多种功能于一身的基础设备。

物联网技术是信息科技产业的第三次革命，但与前两次不同的是，物联网技术并非摒弃原有的技术和通信模式，而是在现有互联网基础上的进一步升级，它将现有的先进技术进行融合应用，催生了一种全新的、性能更强大的信息通信技术。当然，物联网技术在对现有技术进行融合应用时，也会倒逼着现有技术不断升级创新，最终实现多项技术同时进步。

智能建筑是指将计算机技术、现代通信技术、现代控制技术以及现代建筑技术融合运用于建筑领域，结合用户需求对建筑物结构和系统进行变革升级，同时变革建筑管理模式，提升建筑服务效率，最终为用户营造智能高效、舒适便捷的建筑环境。

1984年，美国哈特福德建设了全球首座智能建筑，随后世界各地便展开了智能建筑研究和建设的热潮。目前美国、日本等国家的新建建筑中，智能建筑占比已经十分可观，而我国目前的智能建筑尚处于起步阶段，具有十分广阔的发展前景。

基于物联网的智能建筑能够为人们提供更加智能、便捷、高效、舒适、人性化的居住和办公环境，从而进一步提升人们的生活和工作体验，这对进一步促进国家社会的稳定乃至推动国民经济快速发展具有重要意义。因此，基于物联网的智能建筑将是未来建筑行业发展的必然趋势，也是实现建筑碳中和战略目标的必经之路。在技术不断进步以及国家战略对智能建筑需求不断提升的背景下，未来物联网技术将逐渐与智能建筑实现协同融合，并推动智能建筑朝向更加智能化、自动化的方向发展。

但不容忽视的是，目前我国智能建筑领域对物联网技术的应用仍处于探索阶段，因此，我国政府需要出台相关扶持和激励政策，同时加大财政投入，引导基于物联网的智能建筑体系的建设和发展。此外，建筑领域也要持续加强对新一代信息技术的应用，推动现代建筑技术、新一代信息技术、计算机技术等实现有机融合，结合我国国民经济发展现状和发展需求、建筑领域的基础知识以及民众的普遍需求，建设具有中国特色的物联网智能建筑体系，并最终达成建筑碳中和的目标。

物联网在智慧建筑中的应用

物联网技术应用于智能建筑领域，可以渗透到各个子系统中发挥作用，进一步提升各个子系统以及整体智能建筑系统的性能。目前，智能建筑子系统包括信息网络系统、通信网络系统、设备监控系统、安防系统、火灾报警及消防联动系统等，其中安防、设备监控等子系统已经通过网络实现了互联互通。

但当前的建筑体系离真正意义上的智能建筑还有一定的距离，原因主要在于很多系统功能仅仅是通过智能化手段提升了服务效率、满足了物业和部分业主的使用需求，系统的扩展性和稳定性仍未达到智能建筑的要求，因此，当前的建筑体系本质上还不属于智能建筑，还需要推动物联网技术与建筑系统的进一步融合。

要想全面建成基于物联网技术的智能建筑系统，相关部门应当着重探索能够推动物联网技术与智能建筑系统有机融合的方法，同时要着重考虑系统的动静态模式、系统与人类的结合关系、系统与系统间的关联等问题。

具体来说，物联网技术在智慧建筑中的典型应用场景主要包括以下几个方面。

1. 智能家居

物联网技术在智能家居系统中的应用，主要是为用户提供便捷、智能、自动化的应用程序，同时强化智能家居的安全防护功能，为用户带来舒适、便捷的生活体验。

智能家居可以通过专用网络与智能手机实现实时互联，用户可以通过智能手机随时随地操控家用电器，同时也可以借助智能手机来传输或接收家居及生活信息，如水电气使用数据、安保信息等。物联网技术应用于智能家居系统中，可以大幅提升用户的生活品质，未来智能家居将是物联网技术应用的一个重要场景。

2. 智能报警

物联网技术应用于智能报警系统中，能够凭借各类智能传感器和实时互联的网络显著提升风险处理速度、效率和准确率，基于物联网技术的智能报警防护系统将带来更加明显的成效和更强的实用性。智能建筑的报警防护系统通常包括电子巡检、视频网络实时监控、灾情及时预警、逃生通道安全控制等。

目前的智能报警防护系统主要通过统一的网络、统一的数据库、统一的门禁卡进行安防管理。其中，智能化的门禁卡通常采用射频识别技术来准确采集持卡人的身份信息，通过专用网络传输至管理中心，并自动与数据库信息进行比对，从而帮助巡逻人员准确及时地掌握通过门禁的人员身份，便于进行安全管理。

此外，家庭内部的智能报警安防系统主要包括视频监控、门锁电磁系统、烟雾探测器、热敏感应器、燃气传感器等。其中，视频监控及门锁电磁系统会智能感知和采集门口或室内人员的体态特征、人脸信息及行动轨迹等，并与提前录入的户主信息进行比对，当出现可疑人员或发生非法入侵事件时会自动进行报警，保护户主的人身和财产安全。而烟雾探测器、热敏感应器、燃气传感器等系统在工作过程中，通常会提前设定一个安全保准值，通过智能传感器自动采集家庭环境中的相关指标信息，当出现环境数据超过安全值时会自动报警，并自动与小区安保取得联系，以避免不必要的财产损失。

3. 能源优化

随着可持续发展战略的深化，建筑行业也逐渐朝向生态化、绿色化的方向发展。物联网技术的应用能够根据智能建筑子系统的能耗情况进行资源的优化配置，同时通过智能控制和管理显著提升建筑内部的能源利用效率，降低不必要的能耗，从而加快智能建筑生态化、绿色化发展的进程。

基于物联网技术的智能建筑系统可以在内部部署互联互通的网络以及各类传感器，包括温度传感器、湿度传感器、空气质量传感器、声光传感器等，这些传感器会实时感知和采集建筑内部的相关信息，并上传至建筑管控中心进行分析，管控中心则可以根据数据分析结果对建筑内部环境进行控制调整，例如，自动调整通风或照明等，在保障建筑物内部环境舒适的同时，最大程度降低能源消耗，从而打造低碳高效的智能建筑。

物联网驱动的智慧消防平台建设

改革开放后，我国进入经济上升期，城市建设快速发展，人们的生活方式、工作模式等也发生了巨大变化，火灾等灾害的发生频率和严重程度也迅速上升。部分建筑年久失修，建筑结构和电气线路老化，存在许多消防隐患，导致火灾的发生频率越来越高，火灾的危害也日趋严重。

消防物联网是一种基于物联网信息传感技术和信息通信技术等先进技

术的消防信息网络，能够连通消火栓系统、消防水系统、自动灭火系统、防烟排烟系统、电气火灾监控系统、火灾自动报警系统、消防设备电源监控系统等多个系统和应急广播设备、应急照明设备、安全疏散设施等消防设备设施，实现系统和系统之间以及设备和系统之间的实时动态信息传输和互动，进而提高消防信息的传输效率和处理效率以及整个消防系统的敏感度，进一步提升消防安全监管水平。

智慧消防能够在消防物联网的基础上进一步融合大数据、云计算、人工智能等先进技术，破除不同系统、不同设备之间的数据壁垒，并构建实际使用场景的风险模型，借助大数据云计算平台整合、处理海量消防数据，再利用人工智能技术实现风险预测功能，进而提高消防系统的自动化、智能化、系统化、精细化水平，对火灾风险进行有效的防范。智慧消防可以实现实时监控、信息采集、数据处理、风险预警等多种自动化、智能化功能，能够优化消防安全管理。

1. 智慧消防平台的功能设计

智慧消防平台可以通过融合大数据、物联网、人工智能等多种技术手段实现智能化的视频监控、火情报警、警视联动、视频分析、可视化应急指挥等功能（如图15-1所示），同时实现温度传感器、烟雾传感器、水压探测器、水流指示器、门禁系统等设备和系统之间的信息互通和自动归集，在消防系统中构建基于各项消防设备和子系统的预警闭环处理机制，从而提高建筑消防管理的可视化、智能化和数字化程度。

图 15-1　智慧消防平台的功能设计

（1）视频监控功能

消防联网单位可以根据实际需求在单位内部和单位周边重点区域安装监控摄像机、水压传感器、温度传感器和振动报警传感器等设备采集消防信息，并运用无线传输等技术将采集到的消防信息传送到大数据云计算平台进行分析处理。需要注意的是，消防领域所应用的信息采集设备不仅要具有视频监控功能，还应具备防爆、防火、耐高温等特点，以防设备性能受到环境的影响。

（2）火情报警功能

自动报警系统与视频监控等设备相连接，能够实时接收从火灾探测报警器传来的消防信号，并将其转化为电信号进行分析处理和判断，当电信号被判定为火灾报警信号时，系统会进行现场报警，同时确认火情，将采集到的起火位置、火势大小等火情信息传送至火警中心进行报警，以便及时灭火，为人们的生命财产安全提供保障。

（3）消防报警、视频、电子地图联动功能

智慧消防能够融合建筑技术、视频监控技术、BIM技术、火灾自动报警系统技术等多种技术手段，连通全球定位系统、消防视频监控系统、火灾报警系统等多个系统，实现警视联动。具体来说，消防联网单位可以在系统管理主服务器中按照不同的层次和区域存储建筑的三维电子地图，以便发生火灾时能够即时调用，同时还可以利用视频监控、人流传感器等设备实时采集火灾视频信息，提高建筑消防管理的可视化程度。

消防人员可以通过点击三维电子地图中的前端设备监控点图像来了解辖区范围、监控点位置、消防监控区域分布等信息，除此之外，当智慧消防系统检测到报警信息时，视频监控画面会自动切换到报警信息所描述的警情发生区域，系统也会以声音、闪光等方式将警情位置信息反映在三维电子地图上，为消防人员及时灭火提供便捷。同时，智慧消防系统也会对建筑各区域的出入人数等信息进行实时精准记录，从而进一步提高救援的精准度和效率。

（4）实时智能分析功能

智慧消防系统具备智能化的视频分析功能，不仅能够远程监控和采集视频监控区域内的火情信息，还能通过对这些信息的智能化分析实现对建筑内各系统和设备的消防状态的全方位实时监测，具体包括水压大小、水系统状态、阀门开关情况、防火门开闭状态、控制室管理情况、疏通通道畅通情况等多个方面的监测。

具体来说，消防联网单位可以通过在需要消防监测的区域安装与电气火灾监控系统、可燃气体探测系统等系统相连的视频监控设备和传感器来采集消防信息，对该区域的消防情况进行实时监测，并设置系统自动报警温度标准、系统自动报警电流标准等报警标准，让系统能够在烟火、温度或电流等达到报警标准时迅速自动报警，保障单位的消防安全。与此同时，单位的消防人员也可以通过手机登录应用程序来实现对单位消防安全情况的全方位掌控。

2. 智慧消防平台的系统设计

智慧消防平台的系统设计主要包括三部分，分别是前端、云端和应用。其中：

- 针对前端的系统设计主要是根据消防栓的水压和用水量等信息提高消防水池液位监测的精准度，并对消防物联网中的感温探测器、感烟探测器、可燃气体探测器和手动报警按钮等无线感知设备进行合理配置和规划。
- 针对云端的设计主要是利用大数据、云计算、远距离无线电、窄带物联网、无线网络通信等多种技术手段在云端和火灾自动报警平台上集中分析处理设备状态、火情监测信息和物联网基本单元位置分布情况等数据。

- 针对应用的系统设计主要是为使用单位利用手机或电脑查看区域火灾防控情况提供方便，从而提高消防系统的信息化和智能化水平。

基于 IoT 技术的楼宇设备自控系统

物联网技术应用于智能建筑的监控系统中，主要是借助无线传感器网络和光纤光栅传感器网络来发挥作用，以提升智能建筑监控的准确率和时效性。

无线传感器网络具备网络规模小、网络节点少、智能化程度高等优势，并且无线传感器网络不需要部署网线，进一步降低了监控成本和风险。无线传感器网络在火灾监控、报警和救援方面发挥着至关重要的作用，特别是对高层或超高层智能建筑而言，无线传感器网络更是必不可少的装备。

当建筑内部发生火灾时，无线传感器网络可以对内部人员情况以及火灾源头、火势情况进行精准定位，从而便于消防人员进行精准营救。其中，ZigBee 作为一项新型的无线通信技术，由无线传感器的基站和节点构成，已经被广泛应用于建筑物火灾定位中。光纤光栅传感器通常是直接镶嵌于建筑材料中，通过对相关参数进行实时感知和监测，以达到建筑监控和管理的目的。光纤光栅传感器通常在智能建筑的电力系统中应用比较广泛。

由于智能建筑的电力系统长时间处于高温高压的工作状态，因此出现设备故障甚至火灾风险的概率较大，为降低这些风险，可以将光纤光栅传感器部署在电力系统的各个重要位置，如接头部位、电力终端等，传感器便可以实时监测电流、电压、电阻等相关参数，以预测可能出现的设备故障,并采取合理的措施进行调整,提升电力系统的安全性。

此外,BA系统的全称是楼宇设备自控系统(Building Automation System),是借助一台计算机、专用网络、特定的末端设备对楼宇内机电设备进行集中监控和管理的智能控制系统。其与物联网技术相结合,可以实现以下几项功能:

- BA终端可以智能感知系统及设备的运行状态,并通过数据分析精准预测和定位需要保养的部位,同时可以预测保养所需的成本和材料以及保养周期等。
- BA系统可以记录和存储系统及设备的运行状态信息、生命周期信息、保养信息等,从而可以优化管理决策,同时还能优化资源能源配置,提升能源资源使用效率。
- BA系统结合物联网技术能够对建筑物内部各个节点设备进行实时监测,并根据建筑系统运行情况进行科学协调和实时控制。
- BA系统通过对系统运行状态进行实时监测,能够预测可能出现的突发事件,并借助物联网技术实时地将相关信息传输给相关负责人,最大限度地保障建筑系统的安全性和稳定性。
- BA系统能够对外界环境信息和负载变化情况进行实时感知和采集,包括温度、湿度、空调开关情况等,并根据这些信息自动控制设备运行数量,智能调整设备运行状态。
- BA系统可以对设备运行过程中相关参数的变化情况进行记录和分析。

第五部分 | 数字孪生 + 智慧建筑

第 16 章
数字孪生:数字与物理世界的融合

感知技术:虚实交互、实时映射

近年来,数字化经济浪潮席卷全球,数字孪生日渐得到行业各界的青睐。从概念首次被提出,到逐渐向不同的行业渗透,数字孪生在信息建模、分析、决策、应用等领域取得了突破性进展,能够为企业数字化转型提供有力的技术支持,也将给数字经济发展带来新的机遇。

在数字孪生体系架构中,感知是一项基础技术,其主要功能是实时获取运行环境以及数字孪生组成部件的状态,为物理实体与数字化镜像之间的实时交互与精准映射提供必要的支持。为了建立全域全时段的物联感知体系、全方位获取并监测物理对象的运行态势,数字孪生技术体系不仅要利用先进的物理测量技术获取高度精准、可靠的数据,还要促使这些数据实现协同交互,明确物理实体在全域的空间位置,为其赋予唯一的标识。

1. 数字孪生全域标识

标识技术指的是对物品进行有效的、标准化的编码与标识的技术手段,是信息化的基础。在数字孪生技术体系中,Handle、Ecode、OID 等标识技术能够为物理实体赋予独一无二的身份编码,确保现实世界的物理实体与虚拟世界的数字孪生体一一对应,使物理实体与数字孪生体发生的所有变化都能保持同步。

这里的同步有两层含义：
- 一是物理实体发生的变化能够实时映射到数字孪生体上,引导数字孪生体发生同样的变化；
- 二是技术人员对数字孪生体的操控能够实时映射到物理实体上,为物理实体的跨系统交互提供便利。

此外,借助数字孪生全域识别技术,技术人员可以快速对数字孪生资产数据库中的物体进行定位,快速检索到目标物体,并获取相关信息。

2. 智能化技术

数字孪生技术对数据的精度、标准化程度提出了较高的要求,而且需要数据具备多功能性的特点,而使用传统传感器采集的数据无法满足这些要求。为了解决这一问题,数字孪生技术体系要引入智能传感器取代传统的传感器。

因为智能传感器不仅可以获取数据,而且可以处理并存储数据、自动校零、根据具体情况转换数据采集模式、对传感单元执行过载防护等,获取的数据更精准,运行过程更稳定、可靠。基于上述能力,智能传感器不仅可以在数字孪生体系中作为数据采集端口,而且可以构建感知节点的数字孪生。

3. 多传感器融合技术

如果数字孪生技术体系使用单一传感器,一旦该传感器发生故障,就会导致整个系统失效。为了避免这种情况发生,利用多传感器融合技术部署多个不同类型的传感器就显得非常重要。

多传感器融合应用可以从多个维度感知数据,提取数据的特征矢量,然后利用各种模式识别算法将数据的特征矢量转换为具体的目标属性，并按照同一目标对数据进行分组，将隶属于同一目标的数据整合到一起，通过分析挖掘得到关于该目标的一致性描述。多传感器数据融合不仅可以描述同一环境特征下的多个冗余信息，还可以描述不同的环境特征，降低感知成本，实现实时感知、多维度全面感知，增强感知的冗余性与互补性。

网络技术：数据与信息的自由流通

在数字孪生体系架构中，网络是物理世界与数字孪生世界的连接线，是数据和信息在两个世界自由流通的重要支撑，为物理实体与数字孪生系统实时交互、彼此影响奠定了重要基础。对于数字孪生系统来说，网络具有两大重要作用：第一，增强数据传输能力，降低数据传输时延，保证数据传输的高可靠性；第二，推动物理网络创新，降低传输设施的部署成本，提高运营效率。

但在物联网环境下，随着接入网络的设备越来越多，网络所承载的业务类型以及所服务的对象越来越复杂，网络的灵活性必须得到有效提升。同时，随着移动互联网的应用范围越来越广，物理运行环境要求尽可能多地连接设备，广泛采集设备信息，对数据进行高速率传输，这就对设备及系统的智能化程度提出了较高的要求。因此，数字孪生技术体系必须以功能强大的网络为基础，简化网络运维流程，提高网络运维的智能化水平。

1. 基于行业现场网的组网技术

行业现场网主要用来连接不同的现场设备、现场设备与外部设备、设备以及业务平台，可以为设备提供近端通信域互操作，支持现场的异构网络实现互联互通，组建一个高度柔性化的网络，提高网络的灵活度，满足行业近端网、组网碎片化的需求。

行业现场网关键技术有很多，包括：

- **新型无源 RFID 技术**：主要用于资产判断、出入库管理；
- **新型短距技术**：可以满足设备互联互通对网络高可靠性以及超低时延的要求；
- **确定性传输技术**：可以保证数据传输的可靠性；
- **中低速技术**：可以对环境进行实时监控；
- **室内定位技术**：可以用于设备及人员的室内定位。

5G 与行业现场网有天然的适配性，二者的融合应用可以进一步提高网络的运维能力，满足多元化的现场通信需求，还可以借助边缘计算、云计算等技术，打造一个高度智能化的网络系统。基于 5G 的行业现场网的构成比较复杂，以网关为中心，一方面通过 RFID、短距、确定性传输等现场网技术支持设备连接与通信；另一方面借助 5G 网络将收集到的数据传输至平台，为生产决策、生产计划调整等提供合理的依据，满足业务差异化开展需求。

2. 基于 SLA 服务的 QoS 保障技术

对于数字孪生体系来说，网络安全、稳定运行意义重大。如果网络在运行过程中发生故障，轻则影响用户体验，重则可能造成一定的经济损失。为了保证网络的稳定性、可靠性，有技术人员尝试利用不同等级的 SLA（Service Level Agreement，服务等级协议）服务来改善网络性能，保证网络安全。

具体来看，基于 SLA 服务的 QoS（Quality of Service，服务质量）❶

---

❶ QoS：指一个网络利用各种基础技术为指定的网络通信提供更好的服务能力，是网络的一种安全机制，主要用来解决网络延迟和阻塞等问题。

架构就是通过构建全流程、一体化的网络可靠性参数集，制定资源分配策略，完善端到端 QoS 映射规则与配置规则，建立健全监测及保障机制，增强 SLA 服务管理能力，满足各种泛在感知应用对网络能力的要求，从而带给用户一致的网络服务体验。

3. 基于多维度动态调度的资源编排技术

因为数字孪生网络具有强大的感知能力，可以获取很多物理网络资源，并对这些资源进行统一调度，所以基于多维度动态调度的资源编排技术就成为数字孪生网络的一项重点研究内容。

从理论上来讲，数字孪生网络应该拥有以下能力：能够根据数据采集周期、网络拓扑结构以及对数据的差异化需求，对网络资源、计算资源进行灵活调度、统一编排，决定要传输的内容以及内容传输时间、传输地点、所使用的网络资源等，保证数据可以在网络中实现灵活分发与关联。

基于多维度动态调度的资源编排技术属于一种网络资源智能调度技术，可以优先分配高质量感知数据，将高优先业务流匹配至最优节点，对网络资源进行合理分配，创建一个高智能、低能耗的网络组合，降低物理网络的总能耗。

4. 基于智能路由的数据流控技术

物联网系统想要实现计算智能、认知智能，必须实现数据的高效传输。因此，数字孪生网络技术的一项重点研究内容就是如何构建一个柔性化的网络，对通信域全业务周期中获取的所有数据进行传输、控制。

从理论上来讲，为了满足行业近端网络碎片化组网需求，数字孪生网络可以尝试引入智能路由，在网络控制平面对多通信域之间的角色选择、信息交互机制及交互格式进行定义，让网络中的数据信息自动建立关联,实现自动寻址、自动调配等功能,对实时数据流的路由配置进行高效指导。

基于智能路由的数据流控制技术是一种网络管道增强技术,可以对全网路由状况和数据流进行综合考虑,在用户不注重网络路由配置的情况下,对各个数据流传输的先后顺序以及逻辑关系做出合理安排,在异构网络自适应融合通信、多域数据流接纳控制、网络流量全息透视、网元全生命周期管理等场景有着广泛应用。

建模技术:精准构建数字化模型

建模是参照物理实体创建一个能够被计算机和网络所识别的数字化模型,并通过这个模型降低对物理实体的理解难度。数字孪生建模需要对多个领域、多个行业的模型进行整合,抓取物理实体的所有特征进行细致刻画,最终构建一个能够表现物理实体状态、模拟物理实体在现实环境中的行为、预判物理实体未来发展趋势的数字化孪生模型。

在数字孪生的技术体系中,建模技术是一项核心技术,是实现数字化的关键。为了保证建模效果,除了要使用正确的建模语言,还要选择合适的建模工具。目前,建模可以选择的建模语言有 Modelica、AutomationML、UML、SysML 及 XML 等,可以使用的建模工具有以 CAD 为代表的通用建模工具和以 FlexSim 和 Qfsm 等为代表的专用建模工具。

具体来看,一个完整的建模过程包含四个步骤:一是模型抽象,提取物理实体的特征进行抽象表达;二是模型表达,对抽象后的信息进行描述;三是模型构建,对模型进行校验、编排;四是模型运行,为模型运行创造一个良好的环境,具体如图 16-1 所示。

图 16-1 数字孪生模型构建流程

数字孪生模型要实现对物理实体的 1∶1 精准刻画并非易事,需要采用一系列基础支撑技术,经过不断改进才能实现。数字孪生模型构建所使用的各种技术,可以从建模的使用场景切入进行分析,这些场景可以划分为 IT 领域、OT 领域和 CT 领域,具体分析如下。

1. IT 领域

IT 领域的建模有两个应用场景,一是物联网设备建模,二是数字孪生城市建模。

其中,物联网设备建模多是由综合实力比较强大的厂家和平台发起,通过平台收集设备数据,然后利用 JSON、XML 等语言对数据进行描述和自定义架构,然后借助 MQTTCOAP 等应用传输协议实现物理实体与数字孪生模型的交互。

2. OT 领域

OT 领域的建模同样有两个应用场景,一是对复杂设备的建模,二是对复杂场景的建模。整个建模过程涉及很多领域的知识,包括机械、液压、电气等。

目前，工业领域常用的三种建模工具有一个通用的建模语言——Modelica。Modelica 是由瑞典非营利组织 Modelica 协会开发的，是基于方程、面向对象开发的多领域统一的物理系统建模语言，具有开放性、标准化、不依赖平台的特点，可以用来构建丰富的模型库生态，提高建模效率与建模质量，为电器、控制、电磁、液压、机械等面向对象的组建模型的构建提供强有力的支持。

除 Modelica 外，OT 领域的信息模型构建还可以使用 OPCUA 等技术，对信息模型进行描述，打造信息模型模板等。

3. CT 领域

CT 领域的模型构建需要依托两大能力来实现，一是网络基础设施，二是组网能力。信息模型领域的建模需要依托 SNMP/MIB❶方式，实现网元状态信息以及配置信息的交互。为了满足 CT 领域的数字孪生需求，有机构尝试引入新一代远程高速采集数据的网络监控技术——Telemetry 技术，使用 NETCONF/YANG 来增强虚实交互能力。

模型构建可以划分为几种不同的类型，分别是几何模型构建、信息模型构建、机理模型构建等。建模完成后需要对不同的模型进行融合，对物理实体进行统一刻画。而这些模型可能是来自不同领域的异构模型，彼此之间的融合需要借助统一的协议转换和语义解析能力才能实现。

实现业务功能是构建数字孪生模型的主要目标，无论何种建模技术，建模数据库以及建模工具都是核心竞争力的重要体现。数字孪生模型库要实现多元化，既要涵盖对象组建模型库，这里的对象主要包括人员、设备、施工材料、场地环境等；也要涵盖规则模型库，主要包括生产信息规则模型库、产品信息规则模型库、技术知识规则模型库等；还要包括其他类型的模型库，例如拓扑模型库、几何模型库等。

---

❶ SNMP/MIB：指的是 SNMP 协议软件中的一个主要模块，MIB 的主要功能是管理信息库。

数字孪生模型库与建模工具相辅相成，共同构成了数字孪生技术体系的底座，与数字孪生模型构建的核心理论、方法、工具等相结合，为数字孪生技术的应用提供了强有力的支持。

仿真技术：创建虚拟数字孪生体

在线数字仿真技术可以将模型转化为软件，通过这种方式对物理世界进行模拟，是数字孪生的一项关键技术。在仿真技术的支持下，只要模型正确、数据完整，就可以将物理世界的特性和参数近乎准确地反映出来，对物理实体各种操作和行为的正确性进行有效验证。

基于在线数字仿真技术的数字孪生指的是参照物理实体创建一个数字化的虚拟模型，并对物理实体在真实环境中的行为进行模拟。与传统仿真技术相比，在线数字仿真技术更加注重物理系统和信息系统之间的交互与融合，整个仿真过程贯穿物理实体的整个生命周期，需要不断迭代更新。将仿真技术应用于数字孪生领域，不仅可以降低测试成本，而且可以应用到产品的健康管理、远程诊断、智能维护、共享服务等众多领域。

如果说数字孪生的主要功能是通过数字孪生模型对物理实体进行分析、预测、诊断和训练，并将模型的仿真结果反馈给物理实体，对物理实体进行优化和改进，那么仿真技术就是创建数字孪生模型、保证数字孪生模型与物理实体实现实时映射的关键。

在云计算、边缘计算、人工智能等新一代信息技术的支持下，仿真将向着数字化、网络化、服务化、智能化的方向不断发展，仿真体系也将不断完善。根据仿真对象、仿真粒度、仿真系统架构类型的不同，在线数字仿真技术可以划分为多种类型，如图16-2所示。

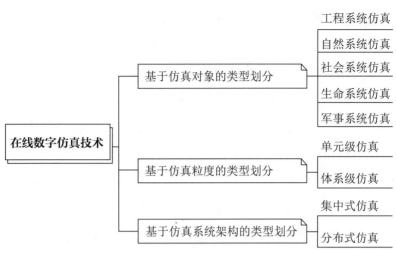

图 16-2　在线数字仿真技术的类型

1. 基于仿真对象的类型划分

（1）工程系统仿真

利用仿真技术对工程的实际状态进行模拟，确认工程系统的内在变量对被控制对象的影响。目前，仿真技术已经在产品制造的整个过程得到了广泛应用，例如有企业利用仿真技术对设计环节进行仿真，成功地缩短了产品的设计研发周期、降低了试错成本。

（2）自然系统仿真

由于一些自然场景处在实时变化状态，难以找到发展规律，例如气候、自然灾害等，所以利用仿真技术对自然场景进行模拟，可以从中探寻发展规律，对一些灾难性的变化做出精准预测，从而尽量降低气象灾害、自然灾害的影响。

（3）社会系统仿真

对复杂的社会系统进行仿真，创建一个数字孪生模型，可以帮助政府部门与机构对社会系统的运行状态进行实时监测，及时了解各种突发状况并进行处理，为经济决策、社会发展决策等提供科学依据。

(4) 生命系统仿真

顾名思义就是对生命系统进行仿真,例如对人进行仿真构建数字人体。数字人体指的是利用信息化与数字化技术对人体进行模拟,将人体的所有活动信息数字化,交由计算机网络进行管理,通过这种方式获取人体各系统的信息,找到人体各系统之间的联系,发现人体各系统的运行规律。

(5) 军事系统仿真

利用仿真技术对作战演练、装备使用、维修培训、战争场景等进行模拟,以提高演练效率,节约演练经费,将人员伤亡降至最低。

2. 基于仿真粒度的类型划分

(1) 单元级仿真

单位级仿真就是对单个领域或者单个系统进行仿真,前者包括机械结构仿真、控制仿真、流体仿真等,后者包括汽车仿真、飞机仿真等。

(2) 体系级仿真

体系是由多个独立系统构成的,体系级仿真可以明确构成体系的各个独立系统之间的关系,具体如城市交通仿真、体系对抗仿真等。

3. 基于仿真系统架构的类型划分

(1) 集中式仿真

主要适用于单台计算机或者单个平台上运行的中小型系统的仿真,可以极大地降低设计和管理的难度。

(2) 分布式仿真

分布式仿真主要适用于多台计算机和多个平台上运行的大规模系统的仿真。

总而言之,仿真技术在数字孪生技术体系中占据着重要地位,其与物联网、虚拟现实等技术相结合共同推动了数字孪生技术的落地，随着工业互联网的快速发展得到了广泛应用。随着数字孪生受到的关注越来越多，仿真技术的价值也得到了广泛认可。在各机构、企业的共同探索下，仿真技术的理论体系、技术体系以及方法体系将不断完善，为数字孪生的研究与应用奠定了强有力的基础。

第 17 章
实践路径：数字孪生智慧建筑应用

数字孪生建筑的四大特征

近年来，数字孪生技术得到了越来越广泛的应用，并加快了相关应用领域实现智能化发展的进程。随着建筑碳中和战略的提出，建筑领域开始注重先进技术的应用，数字孪生技术也迎来了全新的应用场景。数字孪生技术应用于建筑领域，将会催生一批具备独立思考、自主判断、主动适应、与人自然沟通等能力的智能化建筑，并且这些建筑将会在物联网、移动互联网等技术的加持下实现协同互联。

简单来讲，数字孪生技术在建筑领域的应用，是借助各类传感装置对实体建筑的信息进行全方位收集，并利用这些数据在虚拟空间中创建数字孪生建筑模型，同时基于这些动态变化的实时数据，孪生建筑模型会进行仿真演进，从而反映实体建筑全生命周期的所有状态。值得注意的是，数字孪生建筑模型主要用于反映建筑使用过程中与人的交互，而建筑信息模型则主要反映建筑设计与施工过程中的情况。

数字孪生建筑是数字孪生城市的重要组成部分，未来也会成为数字孪生城市的中央控制载体。届时，城市的中央控制中心会通过数字孪生建筑的运行情况获取城市的数字动态，并通过数据分析实现城市的智慧化管理。

基于数字孪生技术的特征,数字孪生建筑也具备精准映射、虚实交互、软件定义、智能干预四项特征,如图17-1所示。

图 17-1　数字孪生建筑的四大特征

1. 精准映射

实体建筑的各个方位会部署各类传感器,这些传感器会实时捕捉和采集相关数据,形成一个动态数据库,数字孪生建筑模型会基于这些数据进行精准的模拟演进,从而精准地映射实体建筑的运行情况。

2. 虚实交互

数字孪生建筑基于其精准映射的特点,将数据演进的结果映射到实体建筑上,实体建筑的实际运行过程中产生的数据也会实时传输至孪生建筑,这样孪生建筑模型与实体建筑就具备了交互的功能。

未来,数字孪生建筑模型可以基于更加全面的信息,实时反映建筑的运行情况、居民的各类活动等相关信息,当居民准备开展各项活动时,可以借助数字孪生建筑来模拟仿真,并参与到虚拟活动中,实现虚实融合协同。

3. 软件定义

数字孪生建筑模型建立之后,会结合计算机技术打造相应的建筑模型软件，软件再基于实体建筑的各项数据进行演进，模拟实体建筑中的人、事、物的行为，从而帮助建筑管理者充分了解建筑内能源的使用情况，并借助软件进行指引和操控。

4. 智能干预

数字孪生建筑模型可以根据实体建筑的相关数据进行模拟、仿真和演进，建筑管理者可以充分了解实体建筑的发展动向，从而及时洞察建筑运行过程中可能出现的问题和风险，并制定合理的应对措施，对实体建筑原有的发展模式和运行轨迹进行智能干预，使其能够有效避免这些问题，推动实体建筑的健康运行，从而推动建筑服务水平的提升。

未来，随着建筑碳中和战略的持续推进，数字孪生建筑也将迎来前所未有的发展契机，并且在人工智能、大数据、物联网、云计算等先进技术的加持下，数字孪生建筑的智慧化应用将逐渐丰富多样，为使用者带来更加个性化、智能化的服务体验，最终推动数字孪生城市的全面落地。

路径1：建筑智能化运维管理

目前，在我国的建筑运维领域中，传统的人力与部分楼宇智能化子系统相结合的运维方式仍旧是主流，虽然这种运维方式能够相对及时地处理建筑设备的故障，但在预警分析方面能力不足。而优良的建筑运维服务应在以预防为主的前提下辅以检修，因此，数字孪生技术以其在全面分析和预测方面的优势为预测性维护建筑设施和建筑智慧化运维提供了技术支撑。

比如，以建筑设施在运行时产生的各类故障的特点为依据，采用机器深度学习的方法利用建筑传感器的历史数据训练出适用于不同故障的数字化特征模型，并根据专家处理的记录生成未来精准判断建筑设施故障状态的参考标准，不仅如此，还要在特征库中持续丰富和更新适用于不同新故障的数据信息，最后进行预测性诊断和判定。

再比如，某公司利用物联网设备对建筑物中各个关键设施的运行状况进行监控，为所有机器和设备建设数字孪生系统，这既能识别设施的节能运行效率，也能对设备未来发生故障的时间进行预测并向管理人员发出提醒，进而简化建筑运营和维护的流程，确保建筑资产处于最佳性能，节省建筑运维成本。

1. 城市安防和灾害救援信息化

未来将在安防和建筑物数字孪生体的基础上融合消防应急数据信息及资源，统一管控城市的消防信息和设备，创建智能化的城市消防应急指挥系统，用于帮助现场工作人员在火灾救援时选择最佳救援路线，提高灾害预防、处理能力和应急救援水平。不仅如此，以数字孪生体为基础制定消防演练方案、培训相关消防人员，也可以提高消防人员的紧急应变能力。

若现实物理城市在运行时产生需要人群疏散和应急救援的突发事件，可运用相应的模拟仿真软件和建筑数字孪生体对此进行迅速模拟分析，给出人群疏散和应急救援的最佳方案。

例如，安世亚太借助融合了建筑数字孪生体和STEPS人群疏散仿真的应用，对地铁、车站、机场、剧场、办公大楼等人员密集的地点快速进行人员应急疏散和分布状况的仿真。在英国生命国际中心、印度德里地铁、加拿大埃得蒙顿机场等一些世界级的大项目中也有STEPS仿真软件的成功应用。

此外，针对新冠疫情的防控，可以借助社区数字孪生建筑，掌握社区建筑内居民的居家隔离状态和健康信息，并结合动态报警和常态管理达到减轻社区基层抗疫工作人员工作压力的目的，并能在技术和数据资源上为社区实现网络化智慧管理提供保障。

2. 城市电网输配电智能化

利用数字孪生建筑获取的日照量、屋顶表面、建筑物高度等数据可以辅助城市规划者分析出太阳能生产潜力较高且适合装配太阳能电池板等建筑储能配件的建筑物有哪些。进而使城市智慧电网的管理人员分析估算出各个社区单日的太阳能产量和节约的电力能源及成本。与此同时，还能用交叉引用相邻建筑物之间的历史数据的方式对以上分析进行验证，为更精准地预测社区电力输配需求进一步做出季节性调整。

除此之外，还可以利用智能传感器系统对各个建筑物中的暖通空调系统和照明系统的使用数据进行实时获取，对各个城市社区和建筑物的具体用电情况及高峰数据做到精准把握，为城市电网提供智能化输配电的执行依据。

路径 2：绿色节能建筑应用

在当前数字化改革的浪潮中，数字孪生建筑是数字孪生技术与建筑产业的有效融合，是建筑产业实现转型升级的核心驱动力，也是建设数字孪生城市的重要基础。数字孪生建筑是根据精益建造项目管理理论方法，利用 BIM 和大数据、云计算、物联网、虚拟仿真、人工智能等数字孪生体使能技术产生的由数字孪生体技术推动的业务发展战略。

数字孪生建筑集成了数据、流程、人员、技术、应用场景和业务系统,对建筑物由规划到设计、由施工到运维的整个生命周期进行管理,全参与方、全要素、全过程的以人为本的人居环境开发及体验美好生活的智慧化应用都被包含在内,进而建立起综合产业、企业、项目和数字孪生城市应用的全新生态体系。

1. 驱动建筑绿色低碳转型

进入二十一世纪以来,为有效缓解人口增长和能源危机等问题,绿色、低碳等可持续性发展理念逐渐普及并被接受,绿色建筑也因其能够大幅提高建筑物能源利用效率和减少环境影响的优势受到广泛关注。与此同时,我国目前正在推进新型城镇化发展,国家也采取一系列举措大力发展绿色建筑、海绵城市、装配式建筑等,促进建筑产业链深化发展,推动建筑产业逐步实现数字化转型升级。

数字孪生体、增材制造(Additive Manufacturing,AM)等新技术快速发展并有了越来越成熟广泛的应用,它们能够为建筑产业实现数字化转型升级赋能,在技术上为建设绿色建筑、海绵城市和装配式建筑等提供支持。

例如,北京崇建公司于2017年10月自主研发的建筑渣土多功能3D打印技术实现了全自动化回收再利用建筑渣土的功能,这恰恰与发展绿色建筑、促进节能减排的理念相吻合;安世亚太研发的3D打印技术实现了建筑模块化3D打印,在技术应用层面为快速发展装配式建筑提供了支撑。

除此之外,云计算、大数据、物联网、人工智能以及虚拟现实等数字孪生体使能技术的综合应用,也为我国各地建设规划"海绵城市"提供了强大的技术基础。

2. 建筑能耗管理智能化

借助能源建模技术和数字孪生虚拟建筑体能够对建筑物的设计、管理、维护做出改变。例如，以运用智能感知技术和各类传感器的方式获取实体建筑的实时能耗数据，并根据建筑设计、供电系统、照明系统、暖通空调系统、天气实时数据进行精细计算，将各种设备使用的优化方案提供给建筑业主，进而减少能源消耗。

位于阿联酋沙迦的 BEEAH 新总部大楼的智慧化应用也是这方面的典型应用之一。它整合了 OT 和 IT 系统，在自动化控制系统和人工智能预测的基础上达到零摩擦利用建筑内部资源，全面优化效率、性能和功能等各个方面，在提高能效水平和空间利用率的同时减少了总体运营费用。BEEAH 新总部大楼将实现可再生能源的全面使用，完善资源的可持续利用，逐渐达成能耗减少、耗水量减少等成就。它已得到 LEED 铂金级认证，是中东乃至全球范围内智慧建筑领域的典型案例。

以数字孪生建筑为基础融合数字孪生城市各应用场景的智慧化应用有智慧医院管理、智慧社区管理、智慧停车管理等，不胜枚举。未来的"数字孪生建筑"可以利用数字孪生体使能技术和群体智能将传统建筑变为具备人工智能的自适应、全面感知、可进化的"生命体"，而不再是无生命的钢筋水泥结构，最终构建起深度融合人机物的开放性智慧建筑生态系统，实现世界绿色化、工作高效化、生活美好化。

路径 3：历史建筑保护与修缮

2019 年 4 月 15 日，法国巴黎圣母院发生火灾事故，这次事故导致塔楼被拦腰斩断、建筑损毁严重。人们对世界闻名的历史优秀建筑被大火就此烧毁感到惋惜，纷纷关心巴黎圣母院以后是否能完美重建的问题。

而早在 2015 年，法国达索公司就与巴黎市政府展开了"数字巴黎"项目的合作，此项合作借助数字化建模和仿真技术真实还原了巴黎古城和巴黎圣母院的原貌及建造过程，将一扇门、一扇窗甚至一块砖的细节都再现于数字世界，与此同时也构建出了完整的巴黎圣母院数字孪生体。

"数字巴黎"项目在数字孪生虚拟世界中连续地呈现出了巴黎从头开始的历史时空，以再现巴黎城市和文明历史的方式让人们在孪生虚拟世界中获得时空穿越般的体验，在沉浸式体验中对人类的历史文明进行学习和传承。

历史建筑是一个城市、一个民族、一个国家的宝贵财富，是区域文明乃至民族文明的重要载体，承载着不可再生的历史信息与文化信息，具有重要的历史人文价值。在城市开发建设的过程中，历史建筑修缮与保护成为一项重要课题。为了更好地保护历史建筑，充分发挥历史建筑的研究与教育价值，推动历史建筑的文化传承，实现历史建筑的可持续利用，研究人员探索了很多保护技术与方案，下面我们对数字孪生技术在历史建筑修缮与预防性保护领域的应用进行初步探究。

1. 历史建筑数字化模型逆向重构

技术人员可以利用三维激光扫描、无人机航拍、近景测量等技术对历史建筑外部进行测绘，获得历史建筑外部空间的点云数据；利用逆向几何重建、BIM 模型转换等技术对历史建筑进行实景建模，构建历史建筑的数字化模型；利用全景影像技术采集历史建筑内部的图像信息，通过纹理映射生成全景模型，对历史建筑的内部空间场景进行 1∶1 还原。

对于需要重点保护的部件与构件，技术人员可以对其进行重叠扫描，获得点云数据，然后结合古典图样绘制这些部件与构件的形制；利用现代检测技术对这些部件构件使用的材料进行分析，包括材料组分、粒径配比和相关分布，为日后修缮积累充足的信息；还可以从不同角度、不同维度对这些部件构件的装饰面进行扫描，获得高清晰度的图像信息，对装饰面的损伤情况进行分析。最后，技术人员可以综合上述信息创建构件的三维数字化模型，将构件的尺寸、细节特征以及表面损伤等情况全面展示出来。

2. 特色部位修缮信息数字化

针对历史建筑的特色部位，技术人员要结合工程样本创建历史建筑特色构件传统工艺材料库，对传统工匠技艺进行收集整理创建营造工艺库，借助文字、图像、影像等资料了解历史建筑特色部位修缮所需要的工艺与材料，制定修缮流程，明确修缮控制要点，利用数字孪生、VR、AR等技术实现修缮工艺3D可视化。

3. 特殊部位数字化展示

技术人员可以将历史建筑数字化模型与历史建筑历次修缮信息库相结合，将历史建筑的特色部位通过平台展示出来。例如上海音乐厅就以数字化的形式完成了全方位、立体化的展示，支持用户浏览建筑全景、进入内部空间漫游、查看建筑的特色构件，进一步增进了人们对该建筑的了解。

总而言之，数字孪生技术应用于历史建筑修缮与保护不仅可以让技术人员快速了解特色构件的修缮保护工艺，追溯历次修缮信息，为历史建筑的修缮提供精准的材料信息、工艺信息，为历史建筑的预防性保护与管理提供科学依据；还可以让人们增进对历史建筑的了解，将历史建筑的历史人文价值充分展现出来。

第 18 章
智慧城市：数字孪生赋能城市建设

数字孪生城市的架构与功能

我国"十四五"规划中明确提出"构建城市数据资源体系，推进城市数据大脑建设，探索建设数字孪生城市"。与此同时，住建部、发改委、工信部、网信办、自然资源部等部门也纷纷推出相关政策，为建设数字孪生城市提供政策支持。

政府和产业界都对数字孪生城市理念保持持续关注状态并对其十分认同，各地区、各行业的企业也纷纷加入规划和建设数字孪生城市的队伍中，呈现出运营商、集成商、硬件厂商、大数据厂商、互联网企业、地理信息与测绘企业等各个领域的先进企业共建数字孪生城市的繁荣景象。

数字孪生城市以大数据、物联网、云计算、人工智能等为技术基础，对政府数据、行为事件、GIS 数据、宏观经济情况、历史统计数据、设备感知数据等海量、多源、异构的人、事、物信息进行深度汇聚重组，利用数据融合计算实现智能感知、数据融合和业务联动处置闭环，对公共资源配置、城市运行感知、事件预测预警、宏观决策指挥等数字孪生城市建设的必备功能进行完善，形成具备可监、可视、可控功能的闭环服务于城市建设，具体来看：

- 在基础设施方面,数字孪生城市能够聚集起政府热线、设备感知、网格巡查、专业数据及外部数据等城市多维时空数据。城市建设过程中所需的城市大数据资产是按一定的标准和规范积聚起来的,它能为城市治理、应急管理、生态环保、公共服务、安全保障、产业发展等诸多领域实现数字化转型升级提供资源上的支持,帮助城市管理者对城市从规划到运维的整个生命周期进行评测,在城市精细化治理水平和政府管理能力的提高上起到很大的积极作用。

- 在数据资源方面,通过聚合、清洗以及管理包含矢量数据、点云数据、栅格数据、人工建模数据、BIM模型数据等静态数据和仿真算法数据、业务运行数据、IoT感知数据等动态数据在内的原始数据,能够构建各种结构化的主题数据库,达到获取基础计算能力的目的。

- 在通用能力方面,由于通用能力是城市骨架、行为运控与空间服务的平台支撑层。由API(Appvication Programming Interface,应用程序编程接口)、SDK(Software Development Kit,软件开发工具包)应用代码、操作系统这些IT组件构成的城市骨架利用微服务平台开发工具实现业务开发平台、业务仿真平台、场景编辑平台、可视化平台、数字孪生底座的建设,不仅如此,用户也可以通过运用相关工具集对数字孪生体进行自定义,通过算法模型的融合对数据和业务应用起到连接和支撑作用。

- 在行业应用方面,赋能数字孪生平台应用的发展,既可以为智能制造、智能汽车、智能港口、智慧城市、智慧交通、智慧园区、智慧水务等行业的数字孪生应用业务系统提供功能扩展接口,也能够协同运行、管理和预警应急等工作,为业务应用提供更多的创新。

数字孪生城市的关键技术

数字孪生城市能够汇聚城市多源异构数据,比如地理矢量数据、模型数据、BIM 数据等基础数据,以及城市运营过程中涉及的专题数据,形成可复用的、庞大的数据资产库,从而解决数据碎片化、数据不完整、数据格式不一致、数据孤岛等城市建设过程中的数据问题,让优质的数据资源为城市运行提供驱动力。

具体来说,基于数字孪生的智慧城市建设涵盖以下几项关键技术,如图 18-1 所示。

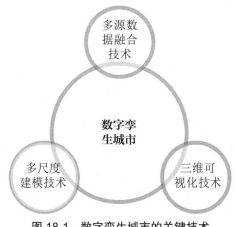

图 18-1　数字孪生城市的关键技术

1. 多源数据融合技术

数字孪生系统中数据种类众多,既有包括城市、工地、能源、交通、医疗、生态、航空、码头、水务等在内的行业数据,也有 DEM（Digital Elevation Model,数字高程模型）、DOM（Digital Orthophoto Map,数字正像影像图）、BIM、矢量、倾斜摄影、人工模型、激光点云等全要素场景衍生数据,还有传感器、智能手机、可穿戴设备等物联感知数据。

若要创建具备三维一体化技术且包含室内外、地面上下的高清全息数字空间，并将空间特性和用途添加到数据中心，需要在把 BIM 数据、IoT 数据、GIS 数据、互联网数据、行业专题数据、公共专题数据等巨量的异构多维时空数据作为数据源的前提下，借助机器学习和深度学习算法自动识别时空大数据并实现三维重建和数据挖掘。

与此同时，为了提供统一且完整的城市建设三位数字底板，要为数据建立起时空数据库，通过 TB 级数据库、分布式管理和集群管理为数据进行统一的定义、索引、存储和服务，通过全要素数据分析管理体系的建立来统一高效地接入、交换、共享数据信息。

2. 多尺度建模技术

在大规模环境中对城市和区域场景进行还原，需要基于不同的应用场景和数据融合标准进行多尺度的建模。制定多尺度的数据融合标准，需要在 IoT 数据、倾斜摄影、GIS 基础数据、激光点云数据和其他业务数据互相融合的条件下将尺度和颗粒度各异的数据进行匹配。根据多尺度数据融合标准对各个层级中展示出的数据主体进行自定义，对兼顾包括人、事、物、地在内的全要素进行多尺度建模，实现各个层次的物理空间和数字空间之间的交互映射。

不仅如此，为了形成三维语义模型，可以借助深度学习进行点云语义分割，基于多种点云场景中的事件检测、事件间的关系、事件相关元素完成事件抽取任务，进而在三维建模系统中实现单体的语义建模。

3. 三维可视化技术

三维可视化是通过在游戏引擎、混合现实技术和 3D GIS 技术的基础上对复杂的三维场景实时进行多层次渲染，实现从宏观到微观、从城市场景到局部细节的三维全景漫游。三维可视化技术既能在屏幕上以图形或图像的形式显示出空间地理数据，也能 1∶1 还原物理场景，真正实现室内室外、静态动态和地上地下的全方位一体化。

- **室内室外一体化**：以游戏引擎的流式关卡加载为技术基础，实现高效的室内室外一体化展示。
- **静态动态一体化**：即便在大规模的静态三维场景中，也能清晰地呈现出车流和人流等处于动态中的模型。
- **地上地下一体化**：根据对地面和地下特征的了解实施挖掘或侧切，实现展示和浏览地下空间的可视化功能，能够将原本无法查看的水体模型和地下地质模型等在地表的屏幕上显示出来，这些场景既能一体化展示，也能在展示时互相独立。

数字孪生城市的应用场景

新冠疫情防控等场景将我国在城市治理方面的资源统筹协调能力欠缺、突发事件应急响应迟缓、城市风险预警预测落后等缺陷暴露无遗，若要实现城市治理的全周期管理，就必须将当前割裂的技术应用、碎片化分布的数据、难以达成的治理协同等问题完善优化，而这在实践中是困难重重的。因此，借助数字孪生技术实现韧性城市建设是需要迫切解决的问题。数字孪生城市的应用场景主要包括以下几个方面。

1. 城市综合治理

数字孪生城市以模拟还原各种生态环境、电力系统、城市基础设施等元素的方式在物理世界和数字世界之间互相映射，由此使得城市建设和管理不再受条块化管理模式的限制，实现了传统智慧城市向新型智慧城市的转变，并能够针对城市运行全貌对城市的综合治理进行实时监测和展示。

数字孪生城市可以在各个不同的部门、层级乃至区域之间采用新型的城市协同管理方法，借助现代信息技术手段、数据交换平台和政务网络将信息系统的决策支持能力、协同支持能力、监测甄别能力、信息透明能力和业务操作引导能力完全发挥出来，在出现城市问题时，能够缩短发现时间、实现精准定位、优化智能决策，并高效管理和配置城市公共资源，根据城市全局态势创建指挥调度平台。

2. 城市规划建设

城市信息模型通过运用物联网、地理信息系统和建筑信息模型等技术手段以数字化表达的形式将城市在物理空间中的基础设施、建筑物、地形等逐一呈现，并借助三维空间模型将城市中物联感知设备的监测数据与各类社会经济互相联结起来，在此基础上提供城市规划建设的综合平台，实现信息化、数据化、流程化的城市规划建设。

城乡规划和总体规划等分散于各个层级的业务系统借助统一的城市信息模型可以实现联合重组。这能在信息化层面上达成融合统一的国土空间规划，确保"多规合一"。对于各专项规划，国土空间规划也将对其加强指导约束。城市信息模型对消除城镇化发展中各空间规划存在的部分内容重叠冲突有积极作用，对解决审批流程烦琐、周期太长和地方规划反复变动等问题也非常有效。

以借助城市信息模型进行虚拟规划、模拟仿真的方式对城市规划方案的合理性、可靠性提前比选和验证，不仅能降低城市规划过程中定性分析评估和定量分析评估的成本，也在综合管控城市开发建设的设计、规划、施工、运维、管理方面起到重要作用。

3. 城市交通管理

为缓解城市道路交通中存在的问题，可以将大数据中的交通信息、高精度电子地图与以数字孪生城市为基础的数字空间相结合，建设城市交通模型并进行仿真模拟，根据对城市路网做出的分析评价对其进行完善。城市交通管理可将交通行为的规则和特征作为参照标准，对数字孪生空间中交通流的变化情况进行推演和判断，从而科学预判交通情况。

在宏观层面上，协同感知交通态势、统计交通流量、红绿灯动态配时、路口拥堵报警等都可借助数字孪生技术来实现，城市中的信息、物理、社会和商业等各方基础设施互相连接能达到收集、清洗、存储数据并将其标准化的目的，在融合数据建模的基础上，实现城市交通预测、决策的智能化和信息化，为智慧交通和智慧城市赋能。

在微观层面上，当出现交通突发事件时，可利用数字孪生技术进行检测和报警，将道路基础设施和运营的动静态信息输送给驾驶车辆，为汽车的安全驾驶保驾护航。

数字孪生城市的典型案例实践

智慧城市建设是一个集成了知识、技术、数据、算法、工具和应用的复杂系统，因此对集成应用平台来说，产业生态间强有力的紧密协作是一种必需品。构建新的产业生态模式、搭建集约化平台需要政府、企业和社会共同参与，利用不断进步的科技产业和技术强化全社会对数字经济发展和城市治理服务的参与感，获得高效调配公共资源和精准处置城市事件的建设成效。

目前，我国部分城市和地区已经开始数字孪生城市的探索实践，并取得了一定的成果，其中北京作为我国的中心城市和超大城市，凭借其在技术、人才等方面的优势已经成为国内数字孪生城市建设的典范，具体实践参考以下两个案例。

【案例1】北京海淀区：基于数字孪生的城市大脑

北京海淀区通过落实"两新两高"战略推动了经济社会的发展进步，借助高效的组织服务和创新的方式方法充分激起社会活力，将新的模式运用到智能化治理实践中，打造质量高、影响力强的全国科技创新中心核心区。

在海淀城市大脑智能运营指挥中心（IOCC）建设中，51WORLD数字孪生平台获得持续优化升级，其全精度、全要素、全粒度的实时渲染，能够最大限度地还原城市场景，将业务数据接入业务系统，对城市运行态势进行实时感知，使传统城市中可视化效果不理想、响应速度不及时等问题得到解决，为海淀区的城市管理提供了极大帮助。

（1）方案简介

海淀建设"1+1+2+N"模式的城市大脑架构。"1+1+2+N"指的是感知网和智能云平台各1个、AI计算和大数据这2个中心、N个创新应用，具体有以下几项建设内容：

- "一张感知网"：遍布海淀全域的数量超过10000的路面传感器和数量超过14500的网络摄像机是其支撑。
- "一个智能云平台"：智能云平台通过"时空数据一张图"聚集起全区范围内由行政区划、基础地理、二三维地图、17万幢左右的建筑组成的249个专题地图数据和由130万个左右的数据要素、127个图层组成的城市部件数据等。
- "两个中心"：政务数据、互联网数据、物联网数据和社会资源数据在大数据中心汇聚。

（2）典型应用

"一张图"建设以自主研发的AES数字孪生平台为基础高精度还原中关村西区3平方公里，中精度还原海淀全区的行政区划、二三维地图、基础地理信息、17万个建筑、城市部件等，对海淀区的城市地形、植被、环境、建筑、道路、车辆、人流等场景进行无限贴近现实的还原仿真。因此，其能够对城市运行的方方面面进行总览部署，实时获取基础设施的运行状态和覆盖率等城市智能部件信息，感知并重点管理当前城市中的高频事件类型。

以渣土车的综合治理为例，利用数字孪生技术建设起来的城市大脑能够对工地信息、周边视频、卫星图斑、消纳地点等监测数据进行有效整合，通过对其AI识别功能、地理定位功能和交通、城管、环保等各部门数据的合理运用构建"一车一档"的车辆管理档案，从而在源头上精准高效地对车辆管控、执法取证、自动处理、违法特征研判、车辆轨迹研判等环节进行识别和处理。

（3）应用成效

在城市建设和规划过程中，相关部门需要基于数字孪生技术和平台底座集成零散数据并对其有关应用进行升级，在构建产业生态时，需要政府、企业、社会三者之间互相协作，打造智能的集约化平台，以科技产业的发展作为技术进步的驱动力，提高社会各界对城市治理服务和数字经济发展的参与度，从而做到高效调配公共资源和精准处置城市事件。

【案例2】北京CBD：基于数字孪生的区域时空信息管理

为紧抓数字经济发展带来的机遇、彻落实数字经济战略，北京中心商务区（Central Business District，CBD）要顺应经济发展潮流，大力发展包括数字产业化、产业数字化、数字化治理以及数据价值化的数字经济，充分利用城市的数字化知识和信息等关键生产要素，创建城市数字孪生全要素数据资源体系，从而赋能数字经济高质量发展、数字化生态打造、企业数字化转型和城市治理精细化。

（1）方案简介

北京 CBD 基于数字孪生的区域时空信息管理方案主要包括三部分内容。

- **数字孪生精细化**：数字孪生精细化城市还原需要对中心区重点楼宇进行超高精度还原，对 CBD 中心区进行高精度还原，对 CBD 功能区进行中精度还原，对地面的建筑、道路、水域、绿化和地下管网等要素进行 1∶1 还原。三维场景与动效、POI（Point of Information）打点、路径特效、区域高亮、富文本内容呈现等相结合，可对其处于北京 CBD 地区的数据资源进行可视化展示和分析。

- **区域经济透视化**：以经济全球化的视野透视区域经济一体化，需要在优化产业结构和分析宏观经济形势基本指标的基础上，掌控产业发展趋势。在基建领域，对酒店、剧院、书店、便利店、咖啡店、艺术空间等商业规划设施和写字楼等服务设施的分布信息、等级信息要做到全面展示。站在企业角度上来看，上市公司、外资企业、总部企业、功能性企业、独角兽企业、世界 500 强企业、跨国公司地区总部企业都可以借助个性化专题进行展示，从而精准锁定各个行业中的领军企业。

- **风险预警可控化**：针对风险楼宇和企业，采用风险预警机制，建立信用预警机制，以分析红名单企业、黑名单企业、高风险企业、经营异常企业、重点监测企业和行政处罚企业的信用数据的方式收集多视角多维度的分析信息，为将来对全球、京津冀地区、北京市内乃至楼宇自身等进行深度分析提供更全面的参考信息。

（2）建设意义

北京 CBD 的数字孪生建设以整合结构化数据、非结构化数据和半结构化数据的方式深入融合数据，从而构建智慧城市体系、部门协同以及企业信用监管机制，进一步完善企业信用体系，打造出具有北京CBD特色的"新基建"，这是我国CBD联盟搭建的第一个数字孪生系统，也是未来推行全国数字化基建和数字经济的典型表率。

第六部分 | BIM 技术 + 智慧建筑

第 19 章
BIM 技术：智慧建筑的"超级大脑"

BIM 技术重新定义未来建筑

BIM 技术能够在三维模型数据库中集成建筑全生命周期信息，并在此基础上构建虚拟的建筑工程三维模型，利用该模型可以对工程设计、建筑建造、建筑管理等多个建设阶段进行模拟，从而发现建筑的各个阶段中可能会存在的问题，并制定相应的解决方案，进而实现对建筑全生命周期的模拟优化。

BIM 技术具备五大优点，分别是可视化、协调性、模拟性、优化性、可出图性，BIM 技术在建筑领域的应用可以整合建筑工程从设计、建造到运行、管理的全生命周期的相关信息，能够有效提高建筑全生命周期的信息化水平，进而达到提升建设效率、缩短建设周期、优化建筑质量、降低建造成本等目的。

与传统的建筑技术相比，BIM 技术可以在信息模型中集成建筑各个阶段需要的信息，并将与建筑建设相关的业主、设计师、施工方等作为建筑工程的重要节点，从而降低信息采集和信息调取的复杂性，为相关人员提取相关建筑信息提供方便。

1. BIM 技术的推进是大势所趋

随着科学技术的进步和建筑业的快速发展，BIM 技术在建筑领域的应用越来越广泛，尤其是在建筑设计阶段，BIM 技术有着广阔的发展空间和应用前景。我国相关部门陆续发布了多项政策文件支持并指导各类数字化、智能化技术在建筑领域的应用实践，尤其是 BIM 技术的研发和应用，比如：

- 2011 年 5 月，住建部发布《2011—2015 年建筑业信息化发展纲要》，并提出"把 BIM 作为支撑行业产业升级的核心技术重点发展"。
- 2016 年 8 月，住建部正式发布《2016—2020 年建筑业信息化发展纲要》，确立了"'十三五'时期，全面提高建筑业信息化水平，着力增强 BIM、大数据、智能化、移动通信、云计算、物联网等信息技术集成应用能力"的发展目标。
- 2021 年 4 月，住建部召开《中国建筑业信息化发展报告（2021）》编写报告会，将推动智能制造关键技术的创新应用作为促进建筑业高质量发展的重要方向。

除国家层面出台相关政策文件支持 BIM 技术发展应用外，我国各地方政府也积极推动 BIM 技术的应用实践，目前，黑龙江、甘肃、陕西、贵州等多个地区已成立 BIM 发展联盟助推建筑业快速走向信息化。

2. BIM 技术对建筑行业的重要意义

在建筑设计阶段，BIM 技术的应用能够在一定程度上解决信息不对称问题，为参与建筑建设的各方人员之间的信息交流提供便捷，同时推动建筑管理模式和建筑流程走向标准化、规范化、集中化和精细化，从而达到提高建筑设计效率和建筑建设收益的目的。

可以说，BIM 技术可以应用于建筑全生命周期当中，能够提高管理的全面性、整体性和协同性，实现建筑项目管理模式的转变。BIM 技术为建筑行业赋予的能力主要包括：

- **可视化设计表达能力**：BIM 技术在建筑领域的应用可以通过网络将在建筑项目施工现场采集的信息数据传输到数据库中，并根据这些信息数据构建虚拟的三维建筑模型，再利用三维建筑模型展示真实的建筑构件，以便优化建筑设计方案。
- **整合协作能力**：BIM 平台中集成了建筑全生命周期的所有数据信息，能够为相关工作人员传递和共享信息提供方便，确保建筑设计和建筑施工过程的有序性，从而达到进一步提高建筑项目的整合效率和协作效率的目的。
- **结构分析能力**：在建筑设计阶段，BIM 技术的应用可以通过对建筑进行结构分析和仿真建模来优化建筑结构设计方案。
- **能耗分析能力**：BIM 技术在建筑能耗分析方面的应用可以对建筑全生命周期的能耗情况进行精准分析，并以可视化的方式构建建筑的虚拟模型，以便建筑设计师能够及时发现并修改设计方案中高能耗的部分。

BIM 技术的应用能够有效促进各个建筑企业之间的信息化交流。具体来说，BIM 技术在业务管理和数据管理方面的应用具有数据交流和模型检查功能，能够充分满足企业在基础数据交流和业务模型检查方面的需求，并提高建筑建造管理的精细化程度，进而帮助建筑企业强化企业管理能力和工程建造能力。

建筑工程的智能建造新模式

随着信息化技术的发展和应用，我国建筑行业的管理思想、管理模式、发展模式等发生了巨大变化,整个建筑业逐渐呈现出信息化、智能化的发展趋势。BIM 技术的应用覆盖了从建筑设计、建筑建造、施工管理到项目协同作业、建筑运行管理等所有建筑建设环节,能够优化建筑全生命周期管理,全面提高建筑工程的整体效益,推动建筑行业高质量发展。

1.利用 BIM 技术实现建筑智能化的途径

近年来,智能化、信息化技术发展迅猛,随着各项先进技术在建筑领域的应用日益深入,建筑建设工程逐渐走向现代化、数字化、信息化和智能化。在众多信息化技术中,BIM 技术具有较强的数据处理能力和数据分析能力,是推进建筑工程数字化过程中不可或缺的关键技术,如图 19-1 所示。

图 19-1 利用 BIM 技术实现建筑智能化的途径

(1)建筑实体数字化

建筑企业若要实现建筑实体数字化,就必须运用 BIM 技术构建数字模型。具体来说,建筑企业需要全面采集建筑实体的各项数据,并将这些数据录入计算机,再借助 BIM 技术对建筑物进行虚拟仿真和数字建模,并借助该模型优化升级建筑方案,最终将其应用于建筑设计、建筑管理、建筑建造等活动中，从而避免出现后期返工等问题，提高建筑项目的建设效率。

（2）BIM 管线综合排布

BIM 的可视化表达有助于展示管道类型，解析管线在建筑中的空间关系，以便设计师及时发现管线排布设计中的不足之处，并对设计进行优化。具体来说，BIM 具有三维碰撞分析功能，能够在管线排布设计的过程中及时发现管线碰撞、部品部件与管线交叉冲突等建筑构件碰撞问题，并及时对设计进行调整，进而确保建筑能够按计划进行施工，减少建筑施工环节的资源浪费。

（3）施工过程数字化

施工过程数字化就是在建筑实体数字化和要素数字化的基础上提高建筑工程进度管理、建筑工程成本管理、建筑工程质量管理和建筑工程安全管理等方面的数字化程度，从而进一步优化建筑工程管理。

2. 建筑智能化工程中 BIM 技术的应用

（1）在建筑资源配调中的应用

BIM 在建筑领域的应用实现了对建筑全生命周期的模拟仿真，能够借助模型不断优化建筑物节能设计方案，综合调配资金、人力、材料、设备等各项资源，进而提高资源配置的科学性和合理性，保障整个建筑工程的经济效益产出，从而进一步推动整个建筑行业加快实现绿色发展的步伐。

（2）在建筑运维管理中的应用

BIM 技术在建筑运维管理中的应用主要包括设备运行管理、安保系统管理和资产可视化信息管理。以设备运行管理为例，BIM 技术可以与设备管理系统协同作用，精准记录所有设备的相关信息，以便设备管理人员实时掌握各项设备的运行情况，并根据设备的实际运行情况制定周期性维护方案，从而在及时排除设备中存在的隐患和故障的同时降低设备维护成本。

（3）在建筑动态化管理方面的应用

BIM技术在建筑领域的应用具有实况模拟功能，能够根据建筑工程施工计划来模拟建筑施工过程，并对施工计划进行优化，提高人员、设备、材料之间的协调性和建筑施工各环节的有序性，同时为相关管理人员了解建筑工程的实际施工情况提供方便，进一步提升建筑施工管理的智能化程度，进而实现对建筑施工的动态化管理。

（4）在建筑成本管理方面的应用

BIM技术具有强大的数据分析计算能力，能够有效提高建筑工程的数字化、信息化管理水平，进而达到提升效益的目的。例如，在建筑工程成本管理方面，工程管理人员可以借助BIM建筑工程成本管理相关的应用对动态管理工程成本，并建立数据库，以便高效完成核算分析和科学控制等工作，进一步提高成本管理的科学性、有效性和高效性，从而控制成本问题对建筑工程建设造成的影响，并减少成本问题在工程实践环节中出现的频次。

虚实融合的"建筑元宇宙"

BIM技术通过建立虚拟的三维建筑工程模型对建筑设施的几何信息、专业信息以及智能化信息等多类型的信息进行整合，目前已经在建筑行业实现了较为广泛的应用。未来，BIM技术将与物联网、大数据、云计算、人工智能、区块链等技术相结合实现创新应用。

作为一种通过创建虚拟模型而发挥作用的技术，BIM与元宇宙有着天然的适配性。元宇宙是一个虚拟现实空间，用户可以使用科技手段在这个空间仿照现实世界创造一个虚拟世界，并在现实世界与虚拟世界之间建立连接，让两个世界相交互，创造一种全新的数字生活社会体系。

其实元宇宙不是一个新概念，而是通过对扩展现实、区块链、云计算、数字孪生等新技术进行整合而产生的一种全新的互联网应用，能够极大地拓展人类的感官维度与生存空间，可以利用扩展现实为用户提供沉浸式体验，利用数字孪生技术仿照现实世界创造一个虚拟世界，还可以利用区块链技术搭建经济体系，让现实世界与虚拟世界的经济体系相互影响。在元宇宙创造的虚拟世界中，每位用户都可以生产内容，按照自己的想法编辑世界。

基于BIM的智慧建筑可以利用BIM技术创建建筑的三维模型，利用数字孪生技术仿照现实世界中的建筑创造虚拟世界的建筑，让两个世界的建筑相互融合，并允许用户对不同的世界进行编辑。正因如此，基于BIM的智慧建筑技术可以很好地融入元宇宙。元宇宙的发展需要整合不同的技术，作为构建虚拟世界建筑的重要工具，BIM技术自然受到了广泛关注。在这种情况下，探究基于BIM的智慧建筑技术在元宇宙中的应用、拓展新的应用领域，成为BIM技术应用者当下最需要关注的话题。

1. BIM技术在元宇宙领域的应用情况

目前人们所能看到以及预测到的元宇宙的应用场景包括交互式游戏、虚拟体验式商城、虚拟办公室、现代化数字虚拟工厂和生产线、三维虚拟教学、基于数字孪生的三维虚拟产品设计、虚拟图书馆、可以创建三维虚拟人物的影视、可以提供沉浸式交互观影体验的虚拟影院以及虚拟货币等。

这些场景大多发生在一个固定的空间内，而这个空间需要虚拟建筑来提供，包括虚拟商场、虚拟教室、虚拟家庭、虚拟图书馆、虚拟电影院、虚拟工厂、虚拟办公室等。这些虚拟建筑的构建就需要借助BIM技术来实现。

在元宇宙中，建筑师可以利用BIM技术参照现实世界中的建筑构建虚拟建筑，也可以根据需要发挥想象构建虚拟建筑，前者是对现实世界建筑的虚拟映射，后者是用户发挥想象力与创造力的成果。虚拟的空间为建筑师提供了一个可以充分发挥想象、施展创意的环境，由于没有时空限制，所以建筑师可以根据用户的需求，为用户提供私人订制服务，也可以将在现实世界中无法实现的设想展现出来，创造出超现实的科幻建筑。

2. 建筑智能化技术在元宇宙中的应用

元宇宙创造的虚拟世界需要与智慧建筑相结合，整合更多建筑领域的智能化信息，借助真实世界中智能化信息对人的影响，打通虚拟世界与现实世界的沟通渠道，让两个世界相互交互、相互影响，从而创造一个真正的元宇宙。

作为元宇宙众多底层技术中的一种，BIM技术具备元宇宙的一些基本应用特性。例如，在BIM技术的支持下，建筑师可以对建筑进行协同设计与优化，对建筑施工过程以及运维过程进行模拟，实现对建筑全生命周期的虚拟管理。

在这个过程中，BIM模型要借助VR、AR等技术，结合各种模拟软件为用户提供沉浸式体验，例如利用智能照明及照明模拟软件影响用户的视觉，利用影音系统及声音模拟软件影响用户的听觉，利用空调及空气监控软件影响用户的体感等。总而言之，BIM模型必须有建筑智能化技术提供辅助才能对人的视觉、听觉、感觉等产生全方位影响。

现实世界中的建筑想要与虚拟世界中的建筑产生联系，还要借助BIM模型与建筑智能化软件建立现实世界与虚拟世界的接口，在三维沉浸可视交互的基础上实现人与虚拟世界的交互，例如通过虚拟世界教室的三维教学资源改善真实的教学环境，解决教育资源分布不均的问题，带给学生更好的学习体验，切实提高教学质量。通过虚拟世界工厂的自动化技术改善现实世界工厂的生产方式，提高生产效率，降低生产成本等。

在元宇宙中，通过基于 BIM 的智慧建筑可以输入、输出建筑信息，在真实世界中感受虚拟世界，通过虚实结合、虚实交互、虚实互控实现虚拟建筑与现实建筑的交互融合，将虚拟世界叠加到现实世界上，不断开拓新领域，拓展新应用，了解用户对这些新生事物的接受程度，然后将虚拟世界的成功经验复制应用到现实世界，以降低试错成本，更好地满足用户的个性化需求。

BIM 在建筑元宇宙领域的未来应用

由于很多人将游戏视为元宇宙的入口和平台，导致人们对元宇宙的认知出现了一定的偏差，片面地认为元宇宙只是一个可以满足感官与设计需求的平台，无法创造更多社会价值，基于 BIM 的智慧建筑在元宇宙领域的应用可以改变这种错误认知。

基于 BIM 的智慧建筑可以为元宇宙提供与建筑有关的所有信息，包括三维虚拟世界建筑、智能化的建筑信息、三维的协同设计、三维的施工模拟、VR 和 AR 资源、数字孪生建筑运维系统等。

那么，基于 BIM 的智慧建筑是否可以代替游戏成为元宇宙的入口与平台呢？如果可以，那么是否可以在这个平台上叠加数字孪生工厂实现智能化生产，叠加三维可视化教育实现教育改革呢？如果这些设想都能实现，元宇宙就能释放出巨大的经济价值与社会价值，成为一种极具意义的创造。

第19章　BIM技术：智慧建筑的"超级大脑"

如果将基于BIM的智慧建筑作为元宇宙的入口与平台，就可以通过这个平台集成很多其他的应用场景，例如在BIM办公室实现虚拟在线办公，在BIM教室实现虚拟的三维教学，在BIM商场实现虚拟的沉浸式购物，在BIM影院实现虚拟的观影体验，在BIM酒店实现虚拟的休闲居住等。这样一来，以基于BIM的智慧建筑为基础就可以连接很多场景和应用，构建一个庞大的元宇宙。

如果上述方法可行，那么就要对现有的BIM技术进行改造，使其变得简单易行、方便操作。因为如果元宇宙的一切都交由专业的设计公司进行设计，其工作量是无法想象的，所以以基于BIM的智慧建筑为基础的元宇宙设计最好交由用户进行，由用户制作内容。

而现有的BIM技术由于过于复杂，普通用户很难掌握。为了解决这一问题，必须对现有的BIM技术进行改造，使其变得大众化，让普通用户通过拖拽、配置等较为简便的操作就能实现，让用户可以根据自己的想法创造建筑，设计自己理想的生活空间与工作空间。用户利用BIM技术创造的建筑与空间经过一段时间的虚拟运行之后，如果体验不错，就可以将这些虚拟建筑现实化，变成现实世界中的建筑。同时，要为用户提供进入其他虚拟空间的方法，让用户可以拓展自己的生活空间与工作领域。

总而言之，元宇宙只是一个开端，现实世界与虚拟世界并行的设想能否实现，还需要时间来验证。可以肯定的是，在这个过程中将不断地有新技术诞生，然后以新技术为基础创造一系列新应用，甚至创造一个新世界。

如同人工智能技术一样，最初人们只是想利用人工智能技术创造智能机器人，结果随着人工智能技术在各个领域深入应用，催生了很多其他的应用，例如自动驾驶汽车、无人机、智慧交通、智能建筑，甚至创造了一个智能社会。虽然目前元宇宙的各项技术尚未成熟，有很多核心技术亟待突破，但在这个过程中产生的新技术也有望实现爆发式增长，最终像人工智能技术一样渗透应用到各个领域。

可以说，借助元宇宙虚实融合等特性发展基于 BIM 的智慧建筑已经成为大势所趋。未来，人们可以以基于 BIM 的智慧建筑技术为入口，尝试创建元宇宙中的建筑。如果这一设想能够成为现实，全球建筑行业将进入一个全新的赛道，虽然这条赛道的未来不可预知，但却值得期待。

第 20 章
低碳科技：基于 BIM 的绿色智能建筑

低碳科技驱动的建筑产业化

BIM 作为建筑、工程设计领域的一项新工具，可以基于动态的数据模拟现实中实体建筑的运行情况，实现数据可视化，为建设者、管理者、使用者等主体制定策略或开展活动提供依据，同时提升各方主体之间的协同效率。

BIM 可以承载并处理海量的项目数据，而建筑业的数据规模非常庞大，这为 BIM 模型的应用和发展提供了良好的基础条件，建筑行业进入大数据时代也将指日可待。

BIM 的应用可以打通业主、设计者、施工团队、贸易商、制造商、供应商之间的协同连接，从而可以打造一体化交付的工程项目，全面提升各方主体的沟通效率，最终提升建筑的建造质量和效率。另外，还可以提升能源资源的利用效率，降低建筑业的能耗和碳排放，为全面实现碳中和做出贡献。

1. 建筑产业化：制造方式的回归

建筑产业化是指将现代化技术与经济和市场进行有机融合，应用到建筑产业链的各个环节，包括建筑产品、建筑材料、建筑能源等，推动建筑产业链条内资源的优化配置，打造"设计——工厂制造——现场装配"的新型建筑模式，将建筑视为一项产品，推动传统的建筑建造过程向制造行业的制造过程转变。目前，钢结构和设备安装工程领域已经基本实现了模式的转变，但土建工程领域的模式转变仍需各方不断努力。

BIM技术应用于建筑业中，可以基于海量建筑数据创建产业化建筑的户型库和装配式构件产品库，这些资源库可以实现产业建筑户型的标准化和构件的规格化。另外，将BIM技术应用于建筑业还可以为设计者和施工人员提供海量的知识参考，在设计环节尽可能避免出现错误，从而提升图纸设计的质量和效率；在施工环节也可以结合RFID技术实现建筑建造过程的全方位、可视化管理，从而大幅减少因施工不当或偷工减料带来的安全隐患，提升建筑的质量。

BIM技术是建筑行业大数据的源代码，能够对建筑构件、构件行为等进行定义重塑，使其以数据化的方式表达出来，从而实现机器语言与人脑思维之间的无障碍沟通，进而加快建筑工厂制造的落地。

在传统建筑业中，建筑设计和建造的方式通常存在建造效率低下、建筑质量难以保障、成果无法固化和进步等缺陷，同时，传统建筑业采用的是粗放式的建造和管理方法，资源利用效率低、设备供应不准时、产品标准化程度低、数据获取困难等现象严重，尽管当前建筑领域已经开始利用低碳节能的原材料代替传统原材料，并且也注重资源能源的循环利用和新施工技术的利用，却也难以彻底改变传统粗放的建造方式，这些问题的存在会严重阻碍建筑业的产业化发展，进而不利于建筑领域实现碳中和。要想实现建筑产业化必须首先解决这些问题，推动建筑各环节实现标准化。

BIM技术的应用可以为这一现状带来有效的解决方案。BIM技术可以基于其构件化的优势，将建筑工程拆分为一个个可以自由组合的建筑构件，用户可以根据自身的需求和偏好进行组合定制，例如门厅收纳空间、电视柜、收纳柜、卫生间收纳空间等，实现个性化建设，进而实现建筑产业化。此外，BIM 技术的应用可以实现海量建筑数据收集整合，并将数据应用到模型中，利用数据驱动模型运行，从而充分发挥数据资产的价值，加快建筑信息化、数据化进程，同时，BIM 技术可以很好地促进建筑市场所有相关资源的整合和优化配置，提升资源能源利用效率，减少甚至避免资源浪费现象，实现建筑的集约式发展和管理。

2. 低碳科技化

自"双碳"目标提出以来，低碳发展成为各行业领域追求的新趋势，各行业也都纷纷开始利用新一代信息技术发展低碳科技。对建筑行业而言，在建筑产业化的基础上，BIM 技术还可以结合物联网、大数据等技术推动建筑领域低碳技术的发展，实现低碳科技化，进而从根源上解决粗放式的建造方式，为建设绿色智能建筑奠定坚实的技术基础。

- BIM 技术可以为建筑产品全生命周期的各个环节赋能，通过提升各环节的能源利用效率，降低总体的能源消耗和碳排放。
- BIM 技术的应用可以实现建筑设计标准化、建筑施工精细化、建筑管理信息化，从而实现科技驱动的建筑产业化，进而进一步降低能源消耗和碳排放，提升建筑领域的低碳节能水平。
- BIM 技术通过与大数据、物联网等技术的融合运用，实现建筑大数据的整合分析，模拟建筑的运行过程，以从根本上实现精准的碳减排。例如，BIM 模型可以模拟建筑物通风、采光等情况，以提升自然风、太阳光等自然资源、可再生资源的利用率，通过对天然、绿色、可再生资源的利用全面降低建筑碳排放。

BIM 技术与大数据、物联网、人工智能、云计算等新一代信息技术相结合，可以加快建筑领域低碳科技研发、创新和应用的进程。建筑行业要想全面实现绿色发展，需要首先制定低碳目标，结合新一代信息技术推动建筑组织低碳变革,并将建筑低碳科技运用到建筑物全生命周期中,推动建筑建造各环节的低碳转型,同时还要注意定期测评建筑的低碳节能效果,以推动建筑低碳技术进一步创新升级,并打造一套自然循环的建筑生态系统,加快推动建筑绿色低碳发展,同时在建筑行业低碳发展方面实现降本增效。

基于 BIM 技术的绿色建筑设计

随着绿色发展理念的持续深化和新一代信息技术的广泛应用,绿色智能建筑逐渐成为建筑行业发展的潮流,也是建筑领域全面实现碳中和的必经之路。

绿色智能建筑是指在建筑设计、建造和使用等各个阶段,资源能源利用效率达百分百、碳排放和环境污染降到零的智能化建筑。尽管当前的建筑还未达到这一水平,但随着 BIM 以及新一代信息技术的深入应用,能源利用效率将不断提升,碳排放量也将持续下降,如图 20-1 所示。

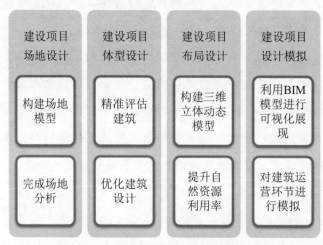

图 20-1 基于 BIM 技术的绿色建筑设计

1. 建设项目场地设计

（1）构建场地模型

场地选址是建筑工程建设的第一个环节，科学选址至关重要。设计人员可以借助 BIM 技术创建场地模型，并通过模拟仿真评估场地的科学性。这个过程中会用到 CAD 和 Revit 软件，设计人员需要首先将 CAD 中的建筑图导入 Revit 软件中，再根据现实中的实际地址在软件模型中的相应位置进行点击或安放，构建起完整的场地模型。

（2）完成场地分析

在完成场地模型构建之后，设计人员需要借助 BIM 技术，基于现实中的数据对场地模型进行立体可视化的分析和评估，掌握场地的地形、高度、坡度等特点，以评估该场地是否是最科学的选址，并根据评估结果来优化场地布局、调整相关细节，最终完成科学合理的项目场地设计。

2. 建设项目体型设计

近年来，我国的城镇化水平不断攀升，城市规模加速扩大，城市建筑部门为给居民带来了更加新颖的体验，为拉动消费增长，正不断研发更多创意性强的大型建筑，但同时，对这些建筑的绿色化、智能化建造和运营而言，设计难度也将更大。

BIM 技术的应用可以有效解决这一问题，设计人员可以借助 BIM 技术构建建筑模型，通过模拟仿真来对建筑的平稳性与合理性进行精准评估，并基于评估结果优化建筑设计，从而提升建筑设计的科学性。

3. 建设项目布局设计

科学的布局规划也是绿色智能建筑设计的重要内容，主要包括建筑物通风、采光设计等。传统的项目布局设计的方式通常是设计人员结合自身经验和项目需求来完成，主观性、片面性较强，且易出现漏洞，不适合绿色智能建筑的设计。

BIM技术的应用可以弥补传统设计方式的缺陷，设计人员借助BIM技术能够构建建筑的三维立体动态模型，在模型上进行通风、采光等场景模拟，确保建筑布局设计的合理性，同时还可以提升风自然风、太阳光等自然资源的利用率，进一步提升建筑的绿色水平。

4. 建设项目设计模拟

在完成建设项目场地、体型、布局的设计之后，还需要进行项目设计模拟。设计人员借助BIM技术构建建筑项目的三维立体模型，一方面对建筑设计环节进行模拟，利用BIM模型对建筑的结构造型、整体布局进行可视化展现，并对其进行全面观察和评估，并通过优化调整来提升设计合理性；另一方面对建筑运营环节进行模拟，基于相关数据驱动建筑模型运转，测试建筑物的性能，以及时洞察建筑运行过程中可能出现的问题，并据此进一步优化建筑设计方案，以精准提升建筑物的品质，最终打造更加合理、实用的绿色智能建筑。

在国民经济追求绿色发展的大环境下，绿色智能建筑逐渐成为建筑行业的发展趋势，不仅可以为人们带来舒适、高效、便捷、智能的工作和生活体验，从而间接推动国民经济稳定增长，更重要的是其大规模普及可以有效地减少建筑领域的能源消耗与碳排放，对实现建筑碳中和乃至全面落实整体的碳中和战略具有重要意义，是实现人类文明可持续发展的保障。

绿色智能建筑的建造离不开合理的设计，BIM技术应用于绿色智能建筑的设计环节，可以充分发挥自身三维可视化的优势，帮助设计人员明确建筑结构和布局设计的合理性，同时帮助其洞察潜在的问题和隐患，以便有针对性地做出调整，尽量降低甚至避免施工过程中出现返工现象，从而提升原材料利用效率，降低原材料及能源、资金的浪费，最终实现高效、低成本的绿色智能建筑建造。

基于 BIM 技术的绿色建材管理

绿色建筑材料是指以大量的工农业或城市固态废弃物为原料，利用清洁生产技术对其进行加工处理，形成的无污染、无毒害、无放射性、可回收利用的新型建筑材料。绿色建筑材料的能源资源消耗和对环境的污染程度极低，是绿色智能建筑建造重要的基础和原材料，绿色智能建筑的建造过程不仅要加强绿色建材的应用，而且要注重应用效果，以确保绿色工程的建设质量。

绿色建筑材料有很多种类型，包括新型墙体材料、保温隔热材料、防水密封材料和抗菌除臭装饰装修材料等，相应地，其对存放和管理也提出了更高的要求。BIM 技术应用于绿色建材管理中，可以大幅提升管理水平和效率，保障绿色建材的质量。

1. 优化绿色建筑材料的存放方式

BIM 技术应用于绿色建筑材料的存放管理中，可以实现：

- 一方面可以创建绿色智能建筑施工的动态模型，管理人员可以对建筑施工过程进行模拟，根据施工过程中产生的数据评估各个施工阶段所消耗的绿色建材情况，从而制定合理的采购方案，同时根据完整施工过程中的建材需求和使用效率来推动绿色建材的优化配置，提升绿色建材使用效率，减少建材浪费现象。
- 另一方面可以创建绿色建筑工程的整体布局模型，管理人员通过对建设工程整体布局模型的观察，结合施工场地的位置，合理地选取绿色建材存放的位置，并制定科学、严格的存储方案，使得建筑材料既能实时供应施工需求,又能避免遭受损害,从而确保绿色建材的质量,同时降低二次搬运所产生的成本,进而实现绿色建材管理的降本增效。

2. 基于BIM技术的建筑材料施工动态管理

BIM技术应用于绿色建筑材料的施工动态管理中,可以结合BIM-4D施工模拟软件创建三维立体的施工动态模型。绿色建筑工程的设计方和施工方可以基于施工动态模型展开协同探讨。其中,设计方可以根据建设工程的需求来初步制定设计方案;施工方可以结合设计方案和实际的施工情况来制定施工方案,并利用BIM施工模型进行模拟,及时发现设计方案与施工方案的不合理之处。

而后,设计方和施工方可以再进一步调整优化相关的方案,直到设计方案与施工方案能够达到最佳水平,这样既可以提升设计和施工的效率,又可以降低因设计不合理或施工错误带来的返工现象,从而最大限度地降低资源浪费,提升建筑材料的使用效率。

在具体的施工过程中,BIM技术也可以与大数据、物联网等新一代信息技术相结合,充分发挥自身对于绿色建材信息采集和查询的功能,发挥建筑大数据的价值,提升施工效率以及施工过程管理的效率。

绿色建材信息涉及的内容有很多,包括绿色建材品类信息、使用方法、具体的使用情况、剩余情况等。

- 一方面,施工人员可以借助BIM和大数据等技术对绿色建材的品类信息和使用方法等常规信息进行分析和整理,充分了解绿色建材的具体性能和使用范围,并结合设计方案、施工方案和建筑项目的需求制定绿色建材使用方案,通过BIM模型模拟施工过程来评估绿色建材使用方案的合理性,并适当进行优化调整,同时也要根据各个施工节点的实际情况来制定具体的绿色建材计划用量,从而避免施工过程中绿色建材使用不当的情况出现。
- 另一方面，在施工现场，施工人员可以借助 BIM 和物联网等技术全面、精准、实时地收集具体施工过程中绿色建材的实际使用数据和剩余信息，通过实际数据和计划数据的对比来调整施工情况，并根据绿色建材剩余信息合理开展绿色建材采购，同时优化绿色建材配置，提升建筑施工过程管理的效率和科学性。

此外，BIM 技术还可以与 RFID 技术相结合，以实现绿色建筑材料储存、吊装、入场、应用等环节的监管。RFID 阅读器可以部署在各种关键位置，如仓库、材料入场口、施工节点等，RFID 阅读器可以实时、全面地感知并收集所需要的数据，并将其实时传输到基于 BIM 技术的云平台中，管理人员通过对这些数据的整合分析掌握绿色建材的使用情况，提升绿色建材的管理效率。

3. 基于 BIM 技术的建筑材料维护与拆卸

在绿色建筑工程建设中，绿色建筑材料的维护也是一项非常重要的工作。传统维护建材的方式通常依赖人工来完成，巡检人员定期对建筑物进行检测，并结合自身经验判断是否需要维修或更换，这种方式效率低下、主观性强，且易出现遗漏，无法适应绿色建筑材料的维护管理工作。BIM 技术的应用为绿色建筑材料的维护和拆卸提供了有效的解决方案。

BIM 技术可以对建筑材料的基本信息、使用信息等进行全面收集和整理，并将其存储于基于 BIM 技术的共享数据平台中，管理人员、用户、建材供应商、建筑团队等主体均可随时查询了解所需要的信息。

在绿色建筑材料的维护管理场景中，管理人员可以借助 BIM 技术创建三维绿色建筑模型，并通过模拟建筑运行来掌握建筑损耗情况，同时结合大数据、云计算等技术对建筑材料大数据进行分析处理。这样一方面可以精准掌握正常使用且达到使用年限的绿色建筑材料，并采取合理的措施对其进行拆卸替换和回收利用，从而提升绿色建筑材料的使用效率，充分发挥其最大价值；另一方面精准定位因出现故障而需要维修的部位，对相应的建筑材料信息进行分析，掌握出现故障的原因，并根据实际情况进行维护或更换，能够提升建筑材料的管理效率和水平，同时全面保障绿色建筑的正常运行。

总体而言，BIM 技术作为建筑和土木工程领域的一项新工具，应用于绿色智能建筑建设中，不仅可以显著提升绿色建筑材料的使用效率和使用寿命，而且可以有效提升绿色建筑工程的管理水平，进而提升绿色智能建筑的运营效率，并最终打造更加精细化、智能化、协同化的绿色智能建筑。

基于 BIM 技术的建筑电气工程

建筑电气工程是建筑工程领域的一项重要内容，主要包括供电干线、变配电、室外电气、电气照明、备用电源等工程内容，这些内容与信息技术、控制技术、电工电子技术等息息相关。

近年来，绿色智能建筑逐渐成为建筑行业的新趋势，绿色智能建筑的内部构造、使用需求等与传统建筑差异较大，因此，传统的建筑电气设计已经不能满足绿色智能建筑的要求，此外，随着社会的不断进步，电气设备自动化和网络化的特征越来越明显，人们对于电气设备安全性、可靠性、升级扩展性的要求也越来越高，在这一背景下，建筑电气工程亟须借助 BIM 技术和新一代信息技术进行变革升级。

BIM 技术应用于建筑电气工程设计中，需要首先对绿色智能建筑的内部构造、结构布局、电气使用需求等要素进行综合考量，根据电气、照明、消防、弱电等不同系统的功能，系统设计整体的建筑电气布局，并创建 BIM 电气设计模型，然后利用 BIM 模型对建筑用电、消防等场景进行模拟仿真,综合观察基于 BIM 的建筑电气设计的效果和实用性,洞察设计存在的问题和遗漏点,并进行合理优化,使得基于 BIM 的建筑电气工程既可以高效地满足绿色智能建筑的电气需求,又能够显著降低能源资源消耗和碳排放量,同时大幅提升建筑电气工程建造管理的效率,加快绿色智能建筑的落地。

一般情况下,基于 BIM 的建筑电气设计工程的设计方式有两种:

- 一种是各专业设计人员先单独设计并创建电气工程模型,再通过链接分享、复制等方式将不同的模型进行融合协同,最终完成 BIM 建筑电气设计,这种方式对计算机系统和网络性能的要求较低,当前的计算机系统及网络配置可以支持小型项目设计。
- 另一种是各专业设计人员从一开始就开展合作,对同一个模型进行协同设计,每个设计人员分别负责同一个模型的不同部分,这种方式对计算机系统和网络配置的要求很高,需要为设计人员提供及时通信、信息共享等功能,以确保 BIM 建筑电气设计模型的质量。

其中,第二种设计方式的具体设计过程包括以下几个步骤,如图 20-2 所示。

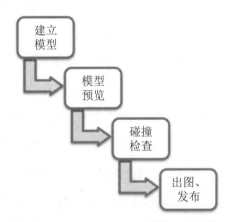

图 20-2 基于 BIM 的建筑电气协同设计的步骤

1. 建立模型

电气设计人员需要首先根据建筑工程项目的实际需求，结合建筑电气的设计流程和专业设计规范来构建科学的电气族库；再将电气族库与建筑电气设计的目标相结合，大致确定需要建立的建筑电气模型；最后再将建筑电气模型拆分成多个部门，分别授予不同的设计人员来设计。

设计人员需要根据自身负责的部分创建电气中心文件和中心文件副本，将电气中心文件上传至公共服务器，并借助物联网络实现电气中心文件与文件副本的实时连接。设计人员需要对文件副本进行进一步调整优化，同时设置楼层平面、视图等参数，再借助 BIM 技术对模型进行推演，得到最终的成果，再将这些更新过的内容实时发送至公共服务器的中心文件，使得中心文件能够同步做出调整。

最后，各个设计人员再通过共享公共服务器中的中心文件，对自身负责的部分加以调整，最终将各个部分进行有机组合，完成电气设计模型的协同创建。

2. 模型预览

在完成电气设计模型创建之后，设计人员还要借助 BIM 技术对模型进行模拟和预览，以确保电气设计的合理性与实用性。模型预览不仅需要进行模型任意平面或剖面的二维预览，还需要进行任意角度的三维预览。

二维预览与三维预览相结合，一方面可以帮助设计人员清晰、直观地了解电气布点的位置、管线连接的情况以及各电气设备的摆放形式，以判断和评估设计的合理性，并可以据其做出调整优化。同时，设计人员还可以根据电气模拟运行情况扩充电气族库所需的参数，包括设备尺寸、重量、功率、用电形式等。另一方面可以协助设计人员、管理人员等对照明设备进行光照强度的计算，特别是在对不规则空间内多光源照度的计算方面，BIM 技术的应用可以基于精准的光照数据进行计算，大幅提升计算工作的效率和准确率，同时设计人员也可以基于这些数据调整设计方案，进一步提升电气设计的合理性。

此外，设计人员还可以通过三维预览的方式，对电管和电气桥架、设备等的位置信息和衔接情况进行直观观察，并通过适当调整优化提升其科学性，最终打造完整、科学、智能、高效、低碳的建筑电气设计模型。

3. 碰撞检查

碰撞检查是在模型预览的基础上进行的进一步操作。模型预览是从整体角度系统性地观察模型的合理性，而碰撞检查是主要针对模型中专业内部或各专业之间存在的问题与冲突进行详细研究和探讨，以进一步提升模型的科学性。

例如在管线检查方面，设计人员可以针对电气和设备两个专业的管线进行详细检查，明确管线冲突的具体位置，并根据管线尺寸和实际应用需求进行合理调整。

4. 出图、发布

在确保模型达到最合理、最实用的情况下，设计人员可以利用 BIM 技术生成图形，该图形需要能够自动生成电气项目图纸目录、电气设备明细表、电气设备与管线的关系、电气设备与电气架桥的关系、电气设备与整体系统之间的关系等，以帮助施工人员、用户、电气供应商等主体明确建筑的电气使用情况。

第 21 章
BIM 技术在装配式建筑中的应用场景

我国装配式建筑中的 BIM 技术及其应用

随着城市化进程不断加快,城市人口快速增长,建筑行业进入快速发展阶段,总产值快速增长,为经济发展做出了重大贡献。但作为一个高能耗、高污染行业,建筑行业的快速发展也带来了比较严重的环境问题。并且,相较于钢铁、化工、装备制造、汽车制造等行业来说,建筑行业的技术创新力度不足,技术创新的经济转换率比较低,一些生产环节没有形成规范的运行体系,信息化程度也比较低,导致施工周期比较长,资源浪费比较严重。

总而言之,目前,我国建筑行业面临着很多问题,而想要实现可持续发展必须解决这些问题,向着数字化、低碳化的方向转型发展。在这个过程中,我国建筑行业要大力发展装配式建筑,积极引入 BIM 技术,提高装配式建筑的信息化水平。虽然近几年,建筑信息化受到了广泛关注,建筑企业也在信息化领域投入了大量人力、物力,但依然面临着信息化技术集成应用研究不足的问题。

1. 基于 BIM 的装配式建筑智慧建造

欧美等发达国家对装配式建筑的研究已经比较成熟,而我国对装配式建筑的研究则刚刚起步，技术体系不完善，应用范围也比较有限。目前，在我国的新建建筑中，装配式建筑的占比大约为15%，远低于发达国家的35%～40%。但好消息是，在政府及企业的推动下，我国装配式建筑的应用范围正在不断拓展，总产值也在稳步增长。

那么，我国为什么要大力发展装配式建筑呢？因为相较于传统的现浇技术来说，装配式建筑的施工效率更高、更符合节能减排的行业发展趋势，但也对施工人员的管理能力以及建筑设计的精细化程度提出了比较高的要求。

BIM应用于装配式建筑智慧制造这一想法来源于清华大学的马智亮教授，目的是利用BIM技术对建筑全生命周期内的技术进行集成管理，推动装配式建筑的建造过程实现智能化、工业化。在这个过程中，BIM的作用就是创建一个涵盖了建筑所有信息的平台，创建模型对建筑信息进行处理，促进信息交互，对各类信息进行集成应用。

在实践过程中，基于BIM的装配式建筑智慧建造还要用到很多其他技术，例如VR、AR技术、三维激光扫描技术、物联网技术等，具体分析如下。

（1）BIM+VR/AR技术

BIM+VR/AR技术可以仿照真实的施工现场构建一个虚拟的施工现场，从不同的时间节点出发、站在不同的角度对施工过程进行观察，探究重要施工环节的施工工艺，进而选出最佳的施工方案，提高装配式建筑施工组织的效率，保证施工进度与施工人员的安全，降低施工成本。

（2）BIM+三维激光扫描技术

BIM+三维激光扫描技术将BIM模型与三维激光扫描获得的图像相拟合，可以对预制构件进行快速检查，发现质量问题及时解决，高效精准地建模，准确记录施工进度，对施工场地进行测绘，尤其是观测困难的施工现场，获取最真实的信息。相较于人工测绘、人工质检、人工记录施工进度来说，BIM+三维激光扫描技术可以获取更加可靠的数据，效率更高、成本更低。

（3）BIM+物联网技术

BIM+物联网技术可以应用于装配式建筑的生产环节，对建筑施工所用的材料类型、尺寸进行跟踪，尽可能全面地获取所有信息，以保证所有物料的使用都有迹可循，以解决物料跟踪不及时、清单票据缺失、计算错误等问题，为装配式建筑项目的施工方、建设方、监理方了解项目进展提供充足的依据。

2. 我国装配式建筑中的BIM技术的应用现状

（1）三维建模设计

作为BIM技术的一项核心应用，三维信息化模型应用于装配式建筑首先要建立基础模型平台，随着项目开展再在平台中加入新构件，利用三维建模技术将建筑物各个结构的几何特征详细地呈现出来，逐渐形成一个完整的建筑模型。在建模过程中，BIM建模软件可以自动生成建筑物的三维立体图、平面图、剖面图和各个节点的细节图，以更直观的方式将建筑物的空间特征清晰地呈现出来。

（2）协同设计

基于BIM技术的协同设计可以提供一个交流平台，支持建筑设计师、施工人员、管理人员等装配式建筑设计与施工的参与者进行交流互动，共同参与建筑设计，还支持设计师在设计过程中参考其他行业的设计方案，提高创新能力。总而言之，基于BIM技术的协同设计是建筑行业在设计方向上的一大突破，符合建筑信息化的发展要求。

（3）建筑性能优化

BIM技术可以参考实体建筑创建一个数字化的建筑模型，将建筑信息输入相应的分析软件了解建筑性能，对建筑性能进行优化。分析软件可以模拟太阳光的照射情况与使用者的走动情况、对风流体进行分析、计算建筑能耗,从而对建筑的舒适性及能耗情况做出判断,对建筑设计存在的缺陷进行调整,减少建筑在运行过程中的能源消耗,提高建筑的智能化水平,带给居住者更舒适的居住体验。

(4)效果图及动画展示

装配式建筑设计阶段经常使用 SketchUp、3DMAX 等工具建模,再利用 Lumion、Enscape 等渲染软件建立模型场景、生成三维动画,以三维立体效果图或者动画的形式将建筑方案展现出来。施工阶段也可以利用上述工具模拟施工过程制作施工动画,提前发现施工过程中可能存在的技术、质量、安全等问题,及时改善施工方案,在施工过程中避免上述问题出现,以保证施工安全、施工进度与工程质量。

基于 BIM 的装配式建筑全流程运营

将 BIM 技术应用于装配式建筑设计、施工、运营维护的全流程,不仅可以提高建筑设计方案的科学性与合理性,提高建筑施工效率,优化建筑运营维护方案,满足人们对建筑质量的要求,而且顺应了建筑行业信息化、智能化、低碳化发展的趋势,可以助力建筑行业实现可持续发展。

装配式建筑的施工流程与传统的建筑施工流程有很大不同,装配式建筑在开始施工之前要准备好相应的构件,在施工阶段按照施工图纸对各个构件进行安装。相较于传统的施工方式来说,这种施工方式效率更高,但前期需要做很多准备工作,包括优化建筑设计方案、组织构件生产等,以免正式施工时出现构件缺失、建筑设计图不合理等问题,影响施工进度。

1. 装配式建筑设计

传统的装配式建筑设计需要设计人员重复采集建筑数据，对数据进行整理、计算，对照建筑设计规范优化设计方案，使得项目设计周期比较长，人力成本比较高，而且人工核算非常容易出现误差，导致设计方案中的各项数值不准确。

BIM 技术在装配式建筑设计领域的应用可以帮助设计人员减少在信息采集与处理环节投入的时间，切实提高数据处理的准确性。在具体实践中，设计人员只需要将与建筑有关的信息参数及项目设计标准导入软件，就可以立即获得信息处理结果，然后就可以基于这些结果设计出可行性比较高、各项参数相对准确的建筑设计方案，并及时发现设计方案中存在的问题，切实提高建筑设计效率。

2. 装配式建筑施工

BIM 技术应用于装配式建筑施工，可以整合施工过程中产生的各类信息，并将这些信息妥善地保存下来，让施工人员、管理人员更全面地了解项目的施工情况，从而更合理地安排后期的各项工作，制定更合理的施工规划方案。

3. 支持图纸的优化设计

对于装配式建筑来说，图纸设计是一项非常重要的基础性工作，直接影响着预制构件的生产。因为预制构件的生产厂家要根据设计图纸来批量化生产预制构件，一旦设计图纸出现错误，就会导致预制构件出现问题，进而影响到装配式建筑的施工，这样不仅会拖慢施工进度，而且会给企业造成巨大的经济损失。而传统的人工设计图纸、审核图纸经常出现计算错误、漏算等问题，尤其是在预制构件数量多、规格差异大的情况下，上述问题出现的可能性更高。

BIM 技术应用于图纸优化设计可以通过 BIM 信息平台对所有与构件生产有关的参数进行集成管理，并进行自动化的碰撞检查，对各个构件的参数进行精准分析。在 BIM 平台上，设计人员、施工人员、监管人员等可以进行协同设计，共同对构件参数进行审核，发现问题集体协商，确定构件的最佳参数。

另外，BIM 技术可以指导构建综合性的三维模型，三维模型中的中心文件可以与模型相连，为其他专业的人员查看模型、分析模型提供方便，为设计方案的优化提供科学指导，使协同设计变得更加高效。

4. 装配式构件的精细化质量监管

BIM 技术还可以应用于装配式建筑施工阶段，对构件的装配过程进行监管，指导装配过程规范进行，以保证装配质量与效率。例如，在装配式建筑施工过程中，核心构件的安装过程涉及内外墙板的装配与灌浆连接、剪力墙钢筋和板缝捆扎处理等事项，任何一个环节处理不当都会给工程质量造成不良影响。为了做好质量监管，管理人员需要提前编制质量控制方案，对构件进场管理、吊装操作、构件节点施工工艺等做出明确说明，为装配式建筑的施工及后期的质量监管提供技术指导。

这些琐碎却至关重要的工作的结果最终会被传输到 BIM 信息管理平台，平台结合施工进度模型、成本控制模型对装配式建筑的工程质量、施工进度等进行全面把控，可以及时发现问题并进行处理，节省返工成本，缩短施工工期，提高项目开展效率，让项目管理变得更加精细化。

BIM 应用于装配式建筑可以切实提高装配质量与效率，优化资源配置，为施工单位带来更多经济回报，最重要的是可以提高建筑行业的智能化水平，扩大装配式建筑的应用范围，推动建筑行业实现创新发展。

BIM 在装配式建筑中的应用问题

虽然 BIM 技术应用于装配式建筑能带来很多好处，但因为相关研究不足、实践不充分，BIM 技术在装配式建筑中的应用仍然面临着很多问题，如图 21-1 所示。

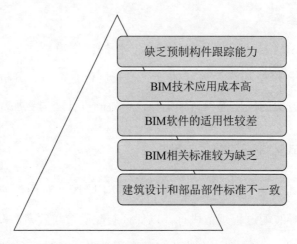

图 21-1　BIM 在装配式建筑中的应用问题

1. 缺乏预制构件跟踪能力

预制构件是装配式建筑的基本单元，其管理应该贯穿"生产——运输——堆放——进场组装"的全过程。BIM 技术应用于预制构件管理，可以对预制构件从生产到组装全流程产生的数据进行集成应用，但当预制构件的状态信息发生变化时，BIM 却不能将这些信息及时地记录下来并处理。为了解决这一问题，BIM 应升级信息实时跟踪统计技术。

2. BIM 技术应用成本高

BIM 技术应用于装配式建筑可以缩短预算编制时间、节省预算变更费用、节约施工成本、降低能耗，对建筑行业的低碳绿色发展来说意义重大。

但 BIM 技术的适用范围比较窄，只适用于结构复杂的大型装配式建筑工程，而且技术应用成本比较高，大众接受度比较低。大部分业主还是习惯使用传统的管理方式，更关注施工成本、工程进度以及工程质量，不太注重应用新技术。

3. BIM 软件的适用性较差

目前，装配式建筑设计常用的核心建模软件都是国外机构研发的，没有将我国建筑造价定额规则、行业规范纳入计算规则，适用性不太好。

4. BIM 相关标准较为缺乏

虽然我国建筑业围绕 BIM 技术的应用发布了一些标准，但只提到了一些方向性的要求，没有对各个管理环节做出针对性描述，例如没有对装配式建筑预制构件信息所包含的具体内容做出明确规定，没有对数字化技术应用标准做出详细描述等，导致预制构件的信息格式不统一、模型编辑语言和逻辑不一致、各方行为准则不规范等，进而引发了一系列问题。

5. 建筑设计和部品部件标准不一致

对于装配式建筑来说，建筑设计是一个非常重要的环节，会对后期的建筑施工与维护产生直接影响，但装配式建筑的设计标准与现行的建筑设计标准不太一致。为了方便构件的智能化生产与装配，装配式建筑要严格按照模数化标准进行设计，没有相关认证标准，给质量管理带来了一定的挑战，导致建筑质量很难得到有效保障。

基于 BIM 的装配式建筑发展路径

为了推动基于 BIM 的装配式建筑更好地发展，要对其发展路径进行合理规划，制定系统化的发展方案，具体策略如下。

1. 完善相关标准

随着装配式建筑成为建筑行业未来的发展趋势，装配式建筑的建造水平也能在一定程度上反映一个国家建筑行业的发展水平。但目前，由于我国关于装配式建筑的标准不完善，导致各生产企业生产预制构件时使用的模板、基座等生产工具不一致，这些工具基本无法相互使用，使得预制构件无法实现规模化生产。为了解决这一问题，我国必须围绕装配式建筑制定相对完善的标准与规范。

首先国家层面要制定国家标准，其次建筑行业要根据国家标准制定行业标准，最后行业内的领先企业要根据行业标准制定企业标准。一般来说，企业标准要高于行业标准，行业标准要高于国家标准，只有这样才能推动装配式建筑更好地发展。

2. 创新生产工艺

创新是技术进步的核心驱动力，所以基于 BIM 的装配式建筑想要实现更好的发展，必须摒弃落后的设计观念与技术，做好技术创新，鼓励相关企业与机构创建装配式建筑实验室和相关软件开发平台，开展校企合作共同解决装配式建筑在发展过程中遇到的各种问题，推动装配式建筑向着信息化、技术化的方向快速发展。

3. 培养专业人才

（1）建立装配式建筑实训实践基地

装配式建筑专业人才的培养要以高校为主力，积极开展校企合作，整合学校与企业的资源，创建装配式建筑实训基地，根据岗位需要有针对性地进行人才培养，丰富装配式建筑专业人才的相关知识，提高其职业技能，满足企业对装配式建筑人才的需求，同时解决人才的就业问题。

（2）建设互联网+教育平台

装配式建筑项目开展的每个阶段都会产生大量数据，也需要大量数据。为了培养学生搜集数据、处理数据的能力，高校需要创建BIM技术与装配式建筑协同的资源库，还要利用各种云平台为其提供服务。例如利用"互联网+"技术的视听说优势，以更直观、更灵活的方式开展教育活动，提高教学效果。

同时，高校要创建人才培养与就业对接机制，根据企业需要以及装配式建筑行业的发展方向规划人才的培养方向，打造一个更全面、更系统、更实用、更专业的装配式建筑人才培养体系。

（3）打造多层次人才结构与人才培养标准

装配式建筑的健康可持续发展必须以各层级的专业人才为支撑来实现，为了做好人才培养，企业可以组织内部培训，聘请行业知名专家、学者担任讲师，从不同方向、不同角度对员工进行技术培训；还可以定期开展理论知识与职业技能的综合培训，不断提高员工的职业技能，同时也要丰富员工的理论知识，做好职业道德培养，培养理论知识丰富、专业技能过硬、职业素养高超的综合性人才。